JN238719

ニュー・スタンダード・ドリンク 102

プロが教える基本テクニックとバリエーション

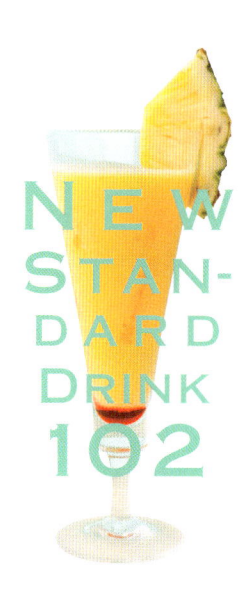

NEW
STAN-
DARD
DRINK
102

柴田書店

おいしい食事やお菓子と一緒に。
とにかく、喉がかわいたときに。
ほっと一息つきたいときに。

ドリンクは、1日中いつもそばにある存在です。
ただ、そのときの状況や気分で飲みたい味は違うはず。

さっぱりとしたスパークリングドリンクに、
お酒の代わりにたしなむノンアルコールカクテル、
パフェのように豪華なデザートドリンクに、
野菜や果物たっぷりのフレッシュジュース、
そしてコーヒーやお茶のアレンジドリンク……。

この本には、こうした幅広いジャンルの、
102のドリンクレシピを掲載しました。

アルコールが苦手な人に、
お酒の代わりに飲んでもらうには？
人気のショウガドリンクのつくり方は？
おいしいグリーンスムージーの配合って？
そんな疑問にこたえる、
基礎技術やヒントも満載。

今、あなたが求めるドリンクが
この1冊にきっとあるはずです。

Contents

＊ページ数が2つ記されているものは、左が写真、右がレシピです。

Basic Recipes

1　フルーツビネガー　26
2　スムージー　38
3　ジンジャーシロップ　60
4　ハーブティー＆
　　ハーブシロップ　66
5　クリーム＆ミルク　82
6　エスプレッソ　112
7　濃縮紅茶　122
8　煮出しほうじ茶　132
9　ネルドリップの
　　アイスコーヒー　140
10　中国茶＆抹茶のシロップ　150

1 Refreshment

スパークリングドリンク
ノンアルコールカクテル
ビネガードリンク

001　レモネード　10
002　ベリーとローズゼラニウムの
　　　ソーダ　12・14
003　葡萄とミントのソーダ　13・15
004　シトロン・プレッセ　16・18
005　ヴァージン モヒート　17・18
006　枇杷のコンポートのソーダ　17・19
007　カシス＆ライムの
　　　トニックソーダ　20
008　ティーソーダ　21
009　ライムミントジュレップ　22
010　ハニーベリージュレップ　23
011　麗しのバラソーダ　24
012　マリオン　25
013　洋梨とキウイの
　　　ビネガーサイダー　28・30
014　オレンジとまと・
　　　テキーラサンライ酢　28・30
015　ミックスベリーの
　　　ビネガーサイダー　29・31
016　バナナとカルダモンの
　　　ビネガーラテ　32・33
017　オレンジとトマトの
　　　ビネガーラテ　32・33
018　玄米黒酢ドリンク　32・33

2 FRUITS & VEGETABLES

フルーツや野菜の
ジュース&スムージー

- 019 アボカドジュース　36
- 020 グリーンスムージー　37・38
- 021 デトックスジュース　40・42
- 022 人参デコポン
　　　ヨーグルトスムージー　41・43
- 023 フルーツミックスジュース　44・46
- 024 ミックスヂュース　45・47
- 025 フルーツMixミルク　45・47
- 026 メロンジュース　48・50
- 027 キウイジュース　49・50
- 028 スイカジュース　49・51
- 029 ドラゴンフルーツジュース　49・51
- 030 つぶつぶみかんDX　52・54
- 031 パイナップルヨーグルト
　　　ジュース　53・54
- 032 ブルーベリーラッシー　53・55
- 033 ヴァージン メアリー　56・57
- 034 完熟トマトの
　　　寒天じゅーす　56・57
- 035 アメーラトマトの
　　　トロピカルドリンク　56・57

3 SPICES & HERBS

ジンジャードリンク
ハーブドリンク

- 036 ジンジャーエール　62・64
- 037 ホットアップルサイダー　62・64
- 038 生姜はちみつドリンク　63・65
- 039 下町のHOTコーラ　63・65
- 040 ホットジンジャー　63・65
- 041 リンゴのホットジンジャー　63・65
- 042 ロゼソーダ　68・69
- 043 ローズヒップソーダ　68・69
- 044 リフレッシュミントソーダ　68・69
- 045 ぶどうとバジルの
　　　シェルパティー　70・72
- 046 パイナップルとローズマリーの
　　　アイスティー　70・72
- 047 フルーツティーレモネード
　　　（ホット）　71・73
- 048 フルーツティーレモネード
　　　（コールド）　71・73
- 049 ハーブティーシェイク ミント　74・75
- 050 ハーバルバンコク
　　　ブリーズティー　76・77

4
SWEET SWEET SWEET...

デザートドリンク
チョコレートドリンク

- 051　ショートケーキラテ　84
- 052　ブルーベリー
　　　　チーズケーキラテ　85
- 053　バナナタピオカミルク　86
- 054　チャイのぷるんとミルク　87
- 055　桃のデザートドリンク　88・90
- 056　ブルーベリーヨーグルト
　　　　ドリンク　89・91
- 057　特製ピーチネクター　92・94
- 058　栗のミルクセーキ　92・94
- 059　デコポンのミルクセーキ　93・95
- 060　グルーヴィ グァバ　96・98
- 061　梅ぼしはちみつ　97・99
- 062　健美アサイヨーグルト　97・99
- 063　㊙辛ホットチョコ　100・102
- 064　ホットショコラ　100・102
- 065　ココア　101・103
- 066　ラム酒の入ったチョコレート
　　　　バナナジュース　101・103
- 067　ショコラ ショー
　　　　ア ラ マント　104・105
- 068　逆アポロ　106・108
- 069　黒ごまきな粉ミルク　106・108
- 070　甘酒牛乳　107

5
COFFEE OR TEA WITH MILK

ミルクと合わせる、
コーヒー＆お茶のアレンジドリンク

- 071　カプチーノ　114・116
- 072　カフェクレーム　114・116
- 073　アインシュペナー　115・117
- 074　ラズベリーホワイトモカ　115・117
- 075　ティラミスラテ　118・119
- 076　カルカッタチャイ　124・125
- 077　ケーララチャイ　124・125
- 078　インディアン
　　　　ミルクティー　126・128
- 079　㊙煮出し牛乳紅茶　127・128
- 080　豆乳チャイ　127・129
- 081　HOTチャイ　127・129
- 082　ロイヤルレモンミルクティー　130
- 083　バンコクミルクティー　131
- 084　ほうじ茶ラテ　134・136
- 085　プーアールラテ　134・136
- 086　抹茶ラテ　135・137
- 087　抹茶ラテ　135・137
- 088　緑茶豆乳ラテ　135・137
- 089　宇治抹茶ラテ アイス　135・137

6
COFFEE OR TEA WITH GOODIES

お酒やフルーツと合わせる、
コーヒー＆お茶のアレンジドリンク

- 090　カフェ・グラッセ　144・146
- 091　カルーアアインシュペナー　145・147
- 092　ノルマンディ・コーヒー　145・147
- 093　カフェ・ロマーノ　145・147
- 094　アップルミント
　　　　ビネガーティー　148・149
- 095　マンダリンティー　148・149
- 096　ロシアン紅茶　148・149
- 097　ジンジャーアイスティー　148・149
- 098　烏龍ティースカッシュ　152・154
- 099　ピーチジャスミン　153・154
- 100　イタリアンミルクティー　153・155
- 101　グリーンティー
　　　　ブルドッグ　153・155

- 102　梅こぶ茶　156

COLUMN

- （フルーツ＋ハーブ）÷ソーダの方程式　15
- ノンアルコールカクテル、
　おいしさの「こつ」　19
- ドリンク向きのお酢選び　31
- スムージーの食感　43
- フルーツの「食べごろ」と
　「飲みごろ」の違い　50
- ジンジャーでカクテル　64
- レイヤースタイル、注ぎ方の「こつ」　69
- ハーブを生かす、ハーブで生かす　78
- ミルクセーキのバリエーション　95
- コーヒードリンクに使う、
　コーヒー豆の選び方　120
- 濃く煮出すとおいしい紅茶、
　中国茶の選び方　121

レシピを読む前に　7
補足レシピ　158
索引　160
取材店13　166

撮　影　大山裕平
デザイン　山本 陽　菅井佳奈
　　　　　（エムティ クリエイティブ）
編　集　坂根涼子　諸隈のぞみ

レシピを読む前に

材料欄の読み方

- 分量は、特に記述がなければ1人分です。
- 材料名の末尾に☆が付いているものは、自家製しているクリームやゼリーなどの加工材料です。1人分の量に加え、その材料をつくるための材料と配合を記しています。
- 大さじ1は15㎖、小さじ1は5㎖です。
- 湯は、特に記述がなければ沸かした熱湯を使います。
- 果物のジュースは、砂糖無添加の100％果汁です。
- エバミルクは無糖練乳、コンデンスミルクは加糖練乳です。
- ヨーグルトは、特に記述がなければ無糖のヨーグルトです。
- チリパウダーは、乾燥させた赤唐辛子の粉末です。
- 氷はキューブアイスを指し、クラッシュアイスは粗く砕いた氷を指します。
- ホイップクリームは、お店ごとに配合と泡立て加減が異なります。詳しくはP.159を参照してください。
- 炭酸水は、「麹町カフェ」では「ペリエ」を、「さらさ花遊小路」では「ノセミネラルソーダ」（能勢酒造）を使っています。
- きび砂糖は、「麹町カフェ」では「喜界島粗糖」を使っています。
- シロップは、特に記述がなければガムシロップを使っています。「麹町カフェ」のきび砂糖のシロップは、喜界島粗糖を同量の水で煮溶かしたものです。

つくり方の注意点

- ミキサーの撹拌時間は、使うミキサー、ブレンダーによって異なります。手持ちのマシンでめざす仕上がりを得られるよう、時間や撹拌スピードを調整してください。
- 果物や野菜は、よく洗ってから使います。
- カップやグラスは、ホットドリンク用はあらかじめ温め、アイスドリンク用はあらかじめ冷やして使います。

その他

- 本書は、月刊MOOK『café-sweets』に2012年3月から2013年2月にわたって掲載されたレシピに、大幅に新規取材レシピを加えてまとめたものです。レシピやお店の情報は、2013年7月時点のものです。

1

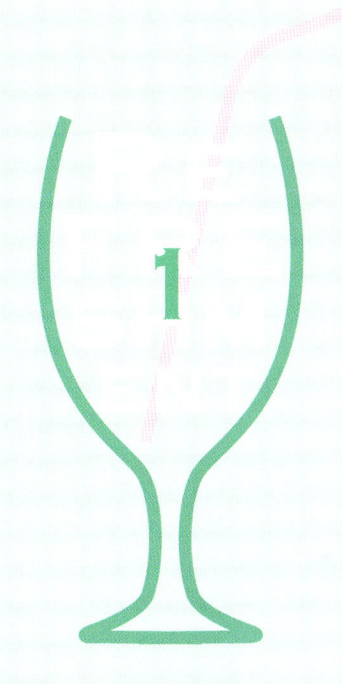

REFRESHMENT

スパークリングドリンク
ノンアルコールカクテル
ビネガードリンク

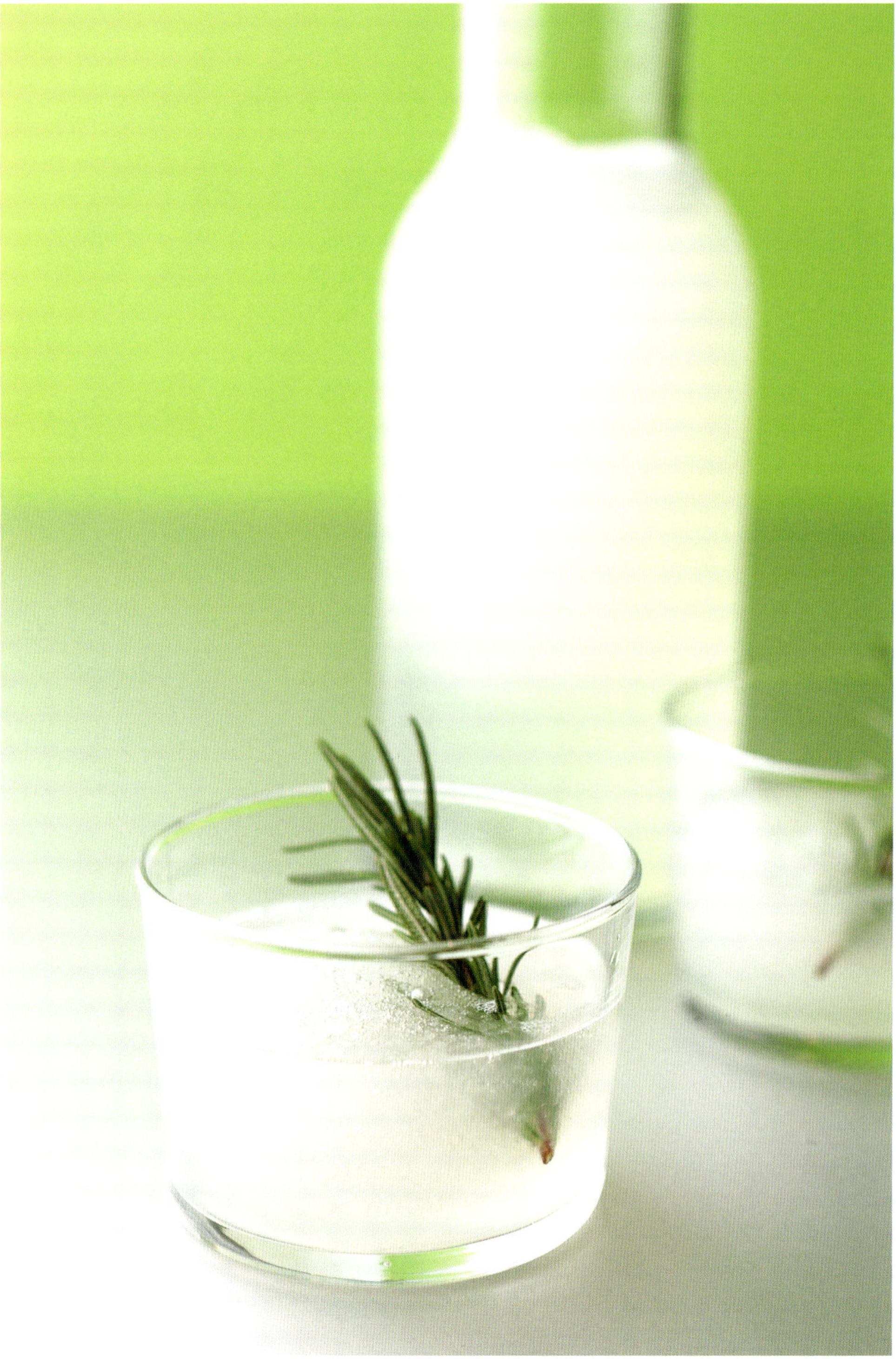

001

レモネード
BROOKLYN PARLOR

定番ドリンクのレモネードを、ひんやり冷たいフローズンに。
レモンの爽快感が際立つ。

材料　デカンタ1本分

レモネード
- レモンジュース　70㎖
- シロップ　80㎖
- 水　250㎖

フローズンレモネード
- レモンジュース　20㎖
- シロップ　20㎖
- 水　10㎖
- クラッシュアイス　50g

ローズマリー　適量

1. レモネードの材料を、ムラなく混ぜる。
2. フローズンレモネードの材料をミキサーに入れ、全体がシャーベット状になるまで撹拌する。
3. デカンタに1を注ぎ、2を加える。
4. グラスにローズマリーを入れ、3を注ぐ。

002
ベリーとローズゼラニウムのソーダ
KOJIMACHI CAFE

003

葡萄とミントのソーダ
KOJIMACHI CAFE

002

ベリーとローズゼラニウムのソーダ

KOJIMACHI CAFE

ベリーの甘ずっぱさが一気に華やぐ、甘い香りのゼラニウムの魔法。
グラスに果実がぎゅっと詰まった様子は宝石箱のよう。

材料
イチゴ　4個
ラズベリー　5個
ローズゼラニウムの葉　8枚
きび砂糖のシロップ　15㎖
炭酸水　適量
氷　適量

1　イチゴはへたを除き、縦に4つ割にする。ラズベリーとともにグラスに入れる。
2　ローズゼラニウムの葉7枚を手でたたき、1に加える。
3　イチゴとラズベリーをスプーンで軽くつぶし、混ぜ合わせる。
4　氷を入れ、炭酸水をグラスの8分目まで注いで軽く混ぜる。
5　きび砂糖のシロップを加え、ローズゼラニウムの葉1枚を飾る。

003

葡萄とミントのソーダ

KOJIMACHI CAFE

2色のブドウでグラスを鮮やかに演出。
ミントの香りで、濃厚な甘さのブドウも爽やかな印象に。

材料

ブドウ（紫・緑）　各5個
スペアミントの葉　8枚
きび砂糖のシロップ　15㎖
炭酸水　適量
氷　適量

1　ブドウは皮ごと半分に切り、グラスに入れる。
2　スペアミントの葉6～7枚を手でたたき、1に加える。
3　ブドウとミントをスプーンで軽くつぶし、混ぜ合わせる。
4　氷を入れ、炭酸水をグラスの8分目まで注いで軽く混ぜる。
5　きび砂糖のシロップを加え、残しておいたスペアミントの葉を飾る。

\ COLUMN /

（フルーツ＋ハーブ）÷ソーダの方程式

生のフルーツとハーブをグラスに入れて軽くつぶし、甘みと炭酸水を加えればできあがり。この方程式は、さまざまなフルーツとハーブの組み合わせに応用できる。炭酸水とシロップを何度も継ぎ足しながら飲むのもよし。甘みの調整次第で、食事中にも食後にも楽しめる。

004
シトロン・プレッセ
KOJIMACHI CAFE

005
ヴァージン モヒート
BROOKLYN PARLOR

006
枇杷のコンポートのソーダ
KOJIMACHI CAFE

004

シトロン・プレッセ
KOJIMACHI CAFE

果実たっぷり！
レモンを軽くつぶしながら飲む、
フレンチスタイルのレモンスカッシュ。

材料
レモン　1個
きび砂糖　小さじ1
炭酸水　適量

1　レモンは台に軽く押しつけてやわらかくする。へたを除き、厚さ5mmの輪切りにする。
2　1ときび砂糖をグラスに入れ、スプーンでレモンをつぶし、軽く混ぜる。
3　炭酸水をグラスの8分目まで注いで軽く混ぜる。

005

ヴァージン モヒート
BROOKLYN PARLOR

人気のモヒートをノンアルコールで！
ラムの代わりにショウガで
ビシッとパンチをきかせる。

材料
ライムジュース　10mℓ
ショウガのシロップ＊　30mℓ
ミントの葉　適量
ライムのスライス　1枚
炭酸水　100mℓ
クラッシュアイス　適量

＊ショウガのスライス170gとシロップ300mℓを1時間煮て、漉して冷ましたもの。

1　ライムジュースとショウガのシロップをグラスに注ぎ、ミントの葉を加える。
2　グラスの縁までクラッシュアイスを入れ、炭酸水を注ぐ。
3　ミントの葉とライムのスライスを飾る。

006

枇杷のコンポートの
ソーダ

KOJIMACHI CAFE

ビワとシナモンの淡い風味が漂う炭酸水は、食事中にもぴったり。アプリコットとバニラでもおいしい。

材料
ビワのコンポート☆

> できあがりから1.5個
> ビワ　6個
> きび砂糖　100g
> レモンジュース　小さじ1
> シナモン（ホール）　適量
> 白ワイン　100㎖
> 水　100㎖

ビワのコンポートのシロップ　30㎖
炭酸水　200㎖
氷　適量

1. ビワのコンポートをつくる。
   ① ビワは皮と種を除き、半分に切る。
   ② きび砂糖、白ワイン、水を中火にかけ、沸かす。①とレモンジュース、シナモンを加えて再び沸かし、火からおろす。
   ③ 粗熱をとり、密閉容器で冷蔵保存する。
2. グラスに1のビワのコンポートとシロップを入れる。
3. 氷を加えて炭酸水を注ぎ、軽く混ぜる。

\ COLUMN /

ノンアルコールカクテル、おいしさの「こつ」

カクテルをノンアルコールでつくると、お酒のアタックが失われるぶん、味がぼやけがちだ。そんなときは、スパイスを加えるといい。ショウガや唐辛子のように辛いスパイス、クローブや八角など個性の強い香りのスパイスをうまく使えば、お酒なしでもカクテルの味が引き締まる。

007

カシス&ライムのトニックソーダ
ROOF

ベリーと柑橘、2種の酸味がきりり。
凛々しさあふれる
大人のスパークリングドリンク。

材料

カシスのジャム　小さじ2
ライム（12等分のくし形）　1切れ
炭酸水　90㎖
トニックウォーター　90㎖
氷　適量

1　グラスにカシスのジャムと氷を入れ、炭酸水とトニックウォーターを注ぐ。
2　1にライムを搾り入れ、そのままグラスに沈める。

008

ティーソーダ
KAORIS

紅茶の深い風味を
爽やかに演出するソーダ仕立て。
ラズベリーの甘ずっぱさがアクセント。

材料
濃縮紅茶（P.122） 30ml
ラズベリージャム☆
　　できあがりから30g
　ラズベリー（冷凍） 1kg
　グラニュー糖 360g
　レモンジュース 200ml
　白ワイン 180ml
レモン（8等分のくし形） 1切れ
炭酸水 160ml
氷 約150g

1 ラズベリージャムの材料を火にかけ、沸かす。弱火で20分煮詰め、火からおろして冷ます。
2 1をグラスの底に入れ、氷を加える。濃縮紅茶、炭酸水を順に静かに注ぐ。
3 レモンに切り込みを入れて、グラスの縁にかける。

009

ライムミントジュレップ
SARASA

ライムとミントの定番コンビの
ドリンクは、搾りたて果汁の
フレッシュ感で差をつける。

材料
ライム（4等分のくし形）　1切れ
レモン（8等分のくし形）　1切れ
ミントの葉　適量
トニックウォーター　180mℓ
氷　適量

1　グラスに氷を入れ、ライムとレモンを搾り入れる。
2　トニックウォーターをグラスいっぱいに注ぐ。
3　1のライムとレモン、たたいて香りを立たせたミントの葉をのせる。

010

ハニーベリージュレップ
SARASA

ハチミツでマリネしたイチゴの
"ぷるるん食感"が魅力。
見た目も味もガーリーな1杯。

<u>材料</u>
イチゴのハチミツ漬け＊　20g
ハチミツ＊　40㎖
ミントの葉　適量
炭酸水　180㎖
氷　適量
＊イチゴ（冷凍）を同量のハチミツに漬け、冷蔵庫で12時間ほどおいたもの。

1　グラスに氷を入れ、イチゴのハチミツ漬けと、そのハチミツを加える。
2　炭酸水を注ぎ、軽く混ぜ合わせる。
3　ミントの葉をのせる。

011

麗しのバラソーダ
SARASA

バラの香りのシロップ＋
クランベリージュース。
ノスタルジックなバラ色のソーダ水。

材料
ローズシロップ　30㎖
クランベリージュース　30㎖
レモン（8等分のくし形）　1切れ
炭酸水　100㎖
氷　適量

1　グラスに氷を入れ、ローズシロップ、クランベリージュース、炭酸水を注ぐ。
2　ムラなく混ぜ合わせ、レモンをのせる。

012
マリオン
SARASA

スミレのシロップと
ブルーキュラソーでつくる、
バイオレットフィズ風のソフトドリンク。

材料
バイオレットシロップ　30㎖
クランベリージュース　30㎖
ブルーキュラソー　適量
レモン（8等分のくし形）　1切れ
炭酸水　100㎖
氷　適量

1　グラスに氷を入れ、バイオレットシロップ、クランベリージュース、ブルーキュラソー、炭酸水を注ぐ。
2　レモンを搾り入れ、そのまま沈めてムラなく混ぜ合わせる。

BASIC RECIPE 1

フルーツビネガー

フルーツをお酢に漬け込んで風味を移すフルーツビネガー。
使うフルーツやお酢で変化をつけるだけでなく、炭酸水で割ってソーダに、
豆乳や牛乳で割って「飲むヨーグルト」風に、カクテルにと、幅広く展開できる。

洋梨キウイ酢
HANTOCO CAFE

材料　つくりやすい分量
洋梨（缶詰）　1個
キウイ（皮をむく）　2個
氷砂糖　洋梨＋キウイと同量
穀物酢　氷砂糖の2倍量

1. 洋梨とキウイは、それぞれ6等分のくし形に切り、厚さ5mmのイチョウ切りにする。
2. 1と氷砂糖を密閉容器に入れ、穀物酢を加える。
3. 容器に蓋をしてゆすり、全体をなじませる。
4. 常温に1週間ほどおき、氷砂糖を溶かす。

バナナカルダモン酢
HANTOCO CAFE

材料　つくりやすい分量
バナナ　2本
カルダモン（ホール）　20g
氷砂糖　バナナ＋カルダモンと同量
穀物酢　氷砂糖の2倍量

1. バナナは皮をむき、厚さ5mmの輪切りにする。
2. 1とカルダモン、氷砂糖を密閉容器に入れ、穀物酢を加える。
3. 容器に蓋をしてゆすり、全体をなじませる。
4. 常温に1週間ほどおき、氷砂糖を溶かす。

オレンジトマト酢
HANTOCO CAFE

材料　つくりやすい分量
トマト　1個
オレンジ　1個
氷砂糖　トマト＋オレンジと同量
穀物酢　氷砂糖の2倍量

1　トマトは種を除き、1cm角のさいの目切りにする。オレンジは皮をむいてくし形に6等分し、厚さ5mmのイチョウ切りにする。
2　1と氷砂糖を密閉容器に入れ、穀物酢を加える。
3　容器に蓋をしてゆすり、全体をなじませる。
4　常温に1週間ほどおき、氷砂糖を溶かす。

アップルミント酢
HANTOCO CAFE

材料　つくりやすい分量
リンゴ　1個
ミントの葉　適量
氷砂糖　リンゴ＋ミントと同量
穀物酢　氷砂糖の2倍量

1　リンゴは8等分のくし形に切り、厚さ2～3mmのイチョウ切りにする。
2　1とミントの葉、氷砂糖を密閉容器に入れ、穀物酢を加える。
3　容器に蓋をしてゆすり、全体をなじませる。
4　常温に1週間ほどおき、氷砂糖を溶かす。

013
洋梨とキウイの
ビネガーサイダー
HANTOCO CAFE

014
オレンジとまと・
テキーラサンライ酢
HANTOCO CAFE

015
ミックスベリーの
ビネガーサイダー
HANTOCO CAFE

013

洋梨とキウイの ビネガーサイダー
HANTOCO CAFE

ビネガーサイダーは炭酸水選びも重要。
とろりと甘いビネガーなら、
ジンジャーエールで刺激を加えて。

材料
洋梨キウイ酢（P.26） 30㎖
洋梨とキウイの酢漬け＊ 適量
ジンジャーエール 100㎖
氷 適量
＊洋梨キウイ酢をつくる際に穀物酢に漬けたもの。

1 グラスに氷を入れ、洋梨キウイ酢を加える。
2 洋梨とキウイの酢漬けを加え、ジンジャーエールを注ぐ。

014

オレンジとまと・ テキーラサンライ酢
HANTOCO CAFE

オレンジ＋トマトの
意外な組み合わせがくせになる、
フルーツビネガーカクテル。

材料
オレンジトマト酢（P.27） 30㎖
オレンジとトマトの酢漬け＊ 適量
テキーラ 30㎖
オレンジジュース 100㎖
トマト（厚さ2㎜の半月形） 1切れ
ミントの葉 適量
氷 適量
＊オレンジトマト酢をつくる際に穀物酢に漬けたもの。

1 グラスに氷を入れ、オレンジトマト酢とオレンジとトマトの酢漬けを加える。
2 テキーラとオレンジジュースを注ぎ、ムラなく混ぜ合わせる。
3 トマトとミントの葉を飾る。

015

ミックスベリーの
ビネガーサイダー
HANTOCO CAFE

ベリー風味の黒酢サイダーに、
果実を加えてフレッシュ感をアップ。
見た目もかわいらしくなる。

材料
ミックスベリービネガー＊　60㎖
ミックスベリー
　（ラズベリー、ブルーベリーなど・冷凍）　適量
炭酸水　90㎖
氷　適量

＊「ぶどう＆ベリー黒酢」(ミツカン)。

1　グラスに氷を入れ、ミックスベリービネガーを注ぐ。
2　ミックスベリーを加え、炭酸水を注ぐ。

\ COLUMN /

ドリンク向きのお酢選び

「ドリンク用のお酢は、あくまで漬け込む素材の風味を移す"場"」と考えるなら、フレーバービネガーづくりにはニュートラルな穀物酢、果物由来のリンゴ酢などが向く。しかし逆に、あえて黒酢など酸味がまろやかで旨みの濃いタイプを使い、個性を生かすのも一手。お酢選びによっても、バリエーションを増やせる。

016

017

018

016 バナナとカルダモンの ビネガーラテ
HANTOCO CAFE

バナナの濃厚さにカルダモンの清涼感が印象的な豆乳割り。

材料
バナナカルダモン酢（P.26） 30㎖
バナナとカルダモンの酢漬け＊ 適量
豆乳 90㎖
氷 適量

＊バナナカルダモン酢をつくる際に穀物酢に漬けたもの。

1 グラスに氷を入れ、バナナカルダモン酢を注ぐ。
2 バナナとカルダモンの酢漬けを加え、豆乳を注ぎ、混ぜ合わせる。

017 オレンジとトマトの ビネガーラテ
HANTOCO CAFE

オレンジとトマトの穏やかな酸味をこくのあるラテ仕立てに。

材料
オレンジトマト酢（P.27） 30㎖
オレンジとトマトの酢漬け＊ 適量
牛乳 100㎖
氷 適量

＊オレンジトマト酢をつくる際に穀物酢に漬けたもの。

1 グラスに氷を入れ、オレンジトマト酢を注ぐ。
2 オレンジとトマトの酢漬けを加え、牛乳を注ぎ、混ぜ合わせる。

018 玄米黒酢ドリンク
ADITO

玄米黒酢のまろやかな風味が、牛乳にも好相性。

材料
柑橘系果実酢（P.158） 30㎖
牛乳 150㎖
氷 適量

1 グラスに氷を入れ、果実酢と牛乳を注いでムラなく混ぜ合わせる。

2

FRUITS & VEGETABLES

フルーツや野菜のジュース＆スムージー

019
アボカドジュース
KOJIMACHI CAFE

アボカドを丸々1個使うジュース。
完熟アボカドの濃厚なこくが
ひとさじの練乳でさらにパワーアップ。

材料
アボカド　1個
レモンの果汁　1/4個分
コンデンスミルク　小さじ1
レモン（8等分のくし形）　1切れ
きび砂糖のシロップ　適量
牛乳　100ml
氷　80g

1　アボカドは縦半分に切り、種と皮を除く。
2　1とレモンの果汁、コンデンスミルク、牛乳、氷をミキサーに入れる。
3　シェイクのようになめらかになるまで20秒ほど撹拌する。
4　グラスに注ぎ、縁にレモンを飾り、好みできび砂糖のシロップを加える。

020

グリーンスムージー
KOJIMACHI CAFE

青菜＋バナナ＋甘ずっぱい果物。
それが、おいしいグリーンスムージーの方程式。
3つの要素を揃えれば、
たいていの野菜や果物でおいしくできる。

レシピは38ページ

スムージー

スムージーは、生のフルーツや野菜、ヨーグルトや豆乳、氷などをミキサーで撹拌してつくる、とろりとしたジュース。なかでも青菜を使うグリーンスムージーは、ヘルシーなイメージで人気が高い。

グリーンスムージー
KOJIMACHI CAFE

材料
コマツナ　1株
リンゴ　1/2個
バナナ　1本
レモンの果汁　1/8個分
ヨーグルト　大さじ2
氷　120g

1. コマツナは根を除き、長さ3cmに切る。
   ＊青菜は繊維質が多いので短めに切ると、ミキサーで粉砕するときの時間を短縮できる。
2. リンゴは芯を除き、皮ごと3cm角に切る。
3. バナナは皮をむき、半分に切り、1、2とともにミキサーに入れる。
4. レモンの果汁を搾り入れる。
5. ヨーグルトと氷を加える。
6. なめらかになるまでミキサーで40〜50秒撹拌する。
7. うまく混ざらないときは、途中でミキサーを止め、スプーンなどでかき混ぜて全体をなじませ、さらに撹拌する。
8. グラスに注ぐ。

POINT
青菜＋バナナ＋甘ずっぱい果物。この組み合わせで、おいしいグリーンスムージーができる。青菜はホウレン草、水菜、レタスなど、苦みや辛みの少ない緑の野菜なら何でもいい。果物も、柑橘類やリンゴ、イチゴなどいろいろ試してみよう。リンゴなら、ふじなどの水分の多い品種がスムージー向き。ただし、青臭さを中和するため、バナナは必ず入れること。

1	2	3
青菜は小さめに切る		バナナの甘みがポイント

4		5
	GREEN SMOOTHIE	

6	7	8
	途中で全体をなじませる	

021
デトックスジュース
BROWN RICE CAFE

022
人参デコポン
ヨーグルトスムージー
KOJIMACHI CAFE

021
デトックスジュース
BROWN RICE CAFÉ

甘酒とリンゴで自然な甘みをつけた、おしゃれな"青汁"。
玄米粉入りでボリュームアップ！ 朝食にもランチにも。

材料
レタス　1つかみ
セロリの葉　1つかみ
セロリの茎（長さ5〜6cm）　1つかみ
ミントの葉　適量
玄米甘酒　30g
玄米粉　3.5g
リンゴジュース　150㎖
氷　約180g

1　レタス、セロリの葉と茎、ミントの葉、玄米甘酒、玄米粉、リンゴジュースをミキサーに入れ、2分ほど撹拌する。
2　グラスに氷を入れ、1を注ぐ。

玄米甘酒
ぽってりとしたペースト状。そのまま水や湯に溶かすだけで甘味ドリンクになる。

玄米粉
玄米を製粉機で挽いたパウダー。ぷちぷちとした口あたりで、ドリンクに使うと食感のアクセントになる。

022

人参デコポンヨーグルトスムージー
KOJIMACHI CAFE

いずれも春が旬のデコポンとフルーツニンジンを1杯のスムージーに。
ジンジャーシロップが爽快なアクセント。

材料

デコポン　1個
フルーツニンジン　30g
レモンの果汁　1/8個分
ヨーグルト　大さじ1
ジンジャーシロップ(P.60)　30㎖
ミカンのハチミツ　小さじ1/2
氷　120g

1　デコポンは皮をむき、房の中心部の固い筋を除く。薄皮ごと3㎝角に切る。
2　フルーツニンジンは皮付きのまま乱切りにする。
3　1、2、レモンの果汁、ヨーグルト、ジンジャーシロップ、氷をミキサーに入れ、なめらかになるまで10秒ほど撹拌する。
4　3をグラスに注ぎ、表面にミカンのハチミツをたらす。

\ COLUMN /

スムージーの食感

スムージーは、使う素材によって食感を変えるといい。柑橘系がメインなら、爽やかさを生かしてさらっと仕上げると飲みやすいし、バナナベースなら、もったりと重たい口あたりのほうが、その濃厚な風味に合う。とろみが足りない場合はヨーグルトやエバミルク、さらりと軽くしたい場合は氷など、ニュートラルな味の素材を加えると食感を調整できる。

023
フルーツミックスジュース
TAKANO FRUIT PARLOUR

024
ミックスヂュース
ADITO

025
フルーツMixミルク
SARASA

023

フルーツミックスジュース
TAKANO FRUIT PARLOUR

5つの果物でつくるミックスジュースの黄金比率。
暑いときはオレンジを増やして酸味がちに、寒ければバナナ多めで甘めに。
微調整で1年中おいしく飲める。

材料
ミックスジュース☆
　　できあがりから1/6
　バナナ　2本
　オレンジ　2個
　白桃　2個
　パイナップル　1/4個
　リンゴ　1個
　ビタミンC　少量
　水　20〜30㎖
グレナデンシロップ　5㎖
飾り用パイナップル
　（厚さ1cmのスライス）　1切れ
フルーツミックスの
　アイスキューブ＊　約40g

＊フルーツミックスジュースを凍らせたもの。

1　バナナは皮をむき、オレンジと白桃は皮をむいて種とへたを除く。パイナップルとリンゴは皮と芯を除く。

2　1を、それぞれ4〜5cm角を目安に切り、ビタミンCと水を加えてミキサーで40秒ほど撹拌する。

3　グラスにグレナデンシロップを入れ、2を3分の1の高さまで注ぐ。フルーツミックスのアイスキューブを入れて再び2を注ぐ。

4　飾り用パイナップルの皮と果肉の間に半分まで切り込みを入れて、グラスの縁にかける。

024

ミックスヂュース
ADITO

懐かしの喫茶店メニューがモダンに変身！
缶詰の果物を凍らせてつくる、
しゃりしゃり食感のシェイク。

材料
フルーツピュレ＊　180g
バナナ　1/4本
フルーツピュレ（冷凍）＊　大さじ1
牛乳　120ml
＊ミカン、黄桃、パイナップルのシロップ漬け（いずれも缶詰）をミキサーで撹拌したもの。

1　バナナは皮をむいて長さ3cmに切る。
2　1とフルーツピュレ180gを混ぜ合わせて冷凍する。
3　2と牛乳をミキサーに入れ、なめらかになるまで2分ほど撹拌する。
4　3をグラスに注ぎ、凍らせたフルーツピュレをのせる。

025

フルーツMixミルク
SARASA

誰もが好きな、桃、ミカン、バナナの
組み合わせ。三温糖でほんのり
甘みをつけてやさしい風味の牛乳割りに。

材料
バナナ　1/3本
白桃のシロップ漬け（缶詰）　約40g
ミカンのシロップ漬け（缶詰）　約40g
三温糖　大さじ1
牛乳　200ml
氷　適量

1　バナナは皮をむいて長さ2〜3cmに切る。
2　白桃とミカンのシロップ漬けは、汁気をきる。
3　ミキサーに1、2と三温糖、牛乳を入れ、なめらかになるまで約20秒撹拌する。
4　グラスに氷を入れ、3を注ぐ。

026
メロンジュース
TAKANO FRUIT PARLOUR

027

028

029

027
キウイジュース

028
スイカジュース

029
ドラゴンフルーツジュース

TAKANO FRUIT PARLOUR

026

メロンジュース
TAKANO FRUIT PARLOUR

よく熟したマスクメロン1/3個を使う贅沢ジュース。氷もメロン果汁でつくり、果実そのままの味をグラスに表現。

材料
マスクメロン　1/3個
飾り用マスクメロン*1　1切れ
メロンのアイスキューブ*2　約40g

*1　厚さ1.5cmのくし形に切り、2等分したもの。
*2　メロンジュースを凍らせたもの。

1　マスクメロンは皮をむき、種を除き、果肉を一口大に切る。
2　1の種のまわりに付いている果肉を、ざるで漉して果汁をとる。
3　1と2をミキサーに入れ、30秒ほど撹拌する。
4　グラスの3分の1まで3を注ぎ、メロンのアイスキューブを入れて残りの3を注ぐ。
5　飾り用マスクメロンの皮と果肉の間に半分まで切り込みを入れ、グラスの縁にかける。

027

キウイジュース
TAKANO FRUIT PARLOUR

鮮やかなグリーンに黒のドット。種のぷちぷち感を残すミキシングで、味も姿も印象的に。

材料
キウイ　3個
キウイのアイスキューブ*　約40g

*キウイジュースを凍らせたもの。

1　キウイは皮をむき、白い芯を除き、一口大に切る。
2　1をミキサーで約1秒撹拌して止める。これを10回ほどくり返し、種をつぶさずにジュースにする。
3　2をグラスの3分の1まで注ぐ。キウイのアイスキューブを入れ、残りの2を注ぐ。

\ COLUMN /

フルーツの「食べごろ」と「飲みごろ」の違い

フルーツジュースには、素材の「飲みごろ」の見極めが欠かせない。フルーツの「飲みごろ」はたいてい、「食べごろ」よりもあと。長く追熟させることで甘みと香りが増し、おいしいジュースになる。たとえば、ブドウは房を持ち上げるとぽろっと実が落ちるくらい、桃やメロンは果肉がぐしゃっとやわらかくなるまで熟したものがジュース向き。ただし柑橘類は例外で、食べごろ＝飲みごろと考えてよい。

028

スイカジュース
TAKANO FRUIT PARLOUR

みずみずしい口あたり、
フレッシュな香りが夏にぴったり。
ジュースにすると、なぜか甘くなる。

材料
スイカ　1/10個
スイカのアイスキューブ*　約40g
飾り用スイカの皮　適量
*スイカジュースを凍らせたもの。

1　スイカは皮をむき、白い緑の部分と種を除き、4〜5cm角に切る。
2　1をミキサーで30秒ほど撹拌する。
3　2をグラスの3分の1まで注ぐ。スイカのアイスキューブを入れ、残りの2を注ぐ。
4　スイカの皮を幅1cm、長さ6〜7cmの短冊形に切り、幅を3等分するように切り込みを入れる。軽くひねってグラスの縁に飾る。

029

ドラゴンフルーツジュース
TAKANO FRUIT PARLOUR

新顔フルーツにはジュースで挑戦！
味は意外にマイルド。

材料
ドラゴンフルーツ　1/2個
ドラゴンフルーツのアイスキューブ*
　約20g
飾り用ドラゴンフルーツ　1/8個
*ドラゴンフルーツジュースを凍らせたもの。

1　ドラゴンフルーツは皮をむき、4〜5cm角に切る。
2　1をミキサーで約1秒撹拌し、止める。これを10回ほどくり返し、種をつぶさずにジュースにする。
3　2をグラスの3分の1まで注ぐ。ドラゴンフルーツのアイスキューブを入れ、残りの2を注ぐ。
4　飾り用ドラゴンフルーツの皮と果肉の間に3分の1まで切り込みを入れ、グラスの縁にかける。

030
つぶつぶみかんDX
SARASA

031
パイナップルヨーグルトジュース
CAFE BUFFO

032
ブルーベリーラッシー
SARASA

030

つぶつぶみかんDX
SARASA

ミカン150%?!
オレンジジュースにミカンを加え、
果肉のぷちぷち感を残すように
ミキシングした愉快な1杯。

材料
オレンジジュース　200㎖
ミカンのシロップ漬け（缶詰）＊　15房
三温糖　小さじ1
セルフイユ　適量
氷　適量
＊シロップの汁気をきる。

1　ミキサーにオレンジジュース、ミカンのシロップ漬け、三温糖を入れ、ミカンの果肉がつぶれないように1回1～2秒ずつ、2～3回撹拌する。
2　グラスに氷を入れて1を注ぎ、セルフイユを飾る。

031

パイナップルヨーグルトジュース
CAFE BUFFO

パイナップルのシロップ漬けを冷凍し、
ヨーグルトと合わせてミキサーにかける。
シェイク風のとろりとしたジュース。

材料
パイナップルのシロップ漬け（缶詰）
　120g
ヨーグルト　大さじ3
ミントの葉　適量
牛乳　100㎖
氷　適量

1　パイナップルのシロップ漬けはざく切りにし、冷凍する。
2　1とヨーグルト、牛乳をミキサーに入れ、なめらかになるまで10秒ほど撹拌する。好みでシロップ（分量外）を加え、甘みを調整してもよい。
3　グラスに氷を入れて2を注ぎ、ミントの葉を飾る。

032
ブルーベリーラッシー
SARASA

ブルーベリー＆ヨーグルトの
定番ペアをドリンクに。
ハチミツの自然な甘さで、
酸味をやわらげて飲みやすく。

材料
ブルーベリー（冷凍）　50g
ヨーグルト　適量
ハチミツ　適量
氷　適量

1　ブルーベリー、ヨーグルト、ハチミツをミキサーに入れ、なめらかになるまで20秒ほど撹拌する。
2　グラスに氷を入れ、1を注ぐ。

033

034

035

033 ヴァージン メアリー
BROOKLYN PARLOR

ハマグリのシャープな旨みが、
きりっと力強い印象の秘密。

材料
ハマグリエキス入りトマトジュース＊
　90㎖
トマトジュース　90㎖
セロリシードパウダー　適量
セロリの葉　適量
クラッシュアイス　約140g

＊「クラマトトマトジュース」(モッツ)。

1　シェーカーに2種類のトマトジュース、セロリシードパウダー、クラッシュアイス30〜40gを入れ、軽く泡が立つまでシェークする。
2　グラスに残りのクラッシュアイスを入れ、1を注ぎ、セロリの葉をさす。

034 完熟トマトの寒天じゅーす
CAFE BUFFO

寒天のぷるぷるとした食感が楽しい、
ゼリージュース。

材料
トマトゼリー (P.158)　約180g
プチトマト　1個
トマトジュース　20㎖

1　プチトマトを火であぶり、皮をむく。
2　トマトゼリーを粗くくずし、カップに入れる。トマトジュースを注ぎ、1をのせる。

035 アメーラトマトのトロピカルドリンク
TAKANO FRUIT PARLOUR

甘いトマトとマンゴー?!
異色の出会いをデセール仕立てに。

材料
フルーツトマト(アメーラ)　2個
パイナップル　1/4個
マンゴーのグラニテ＊1　30g
飾り用フルーツトマト＊2　3切れ
マンゴー(角切り)　3切れ
塩、エストラゴン　各適量

＊1　マンゴーをミキサーで撹拌し、冷凍庫で途中で何度もかき混ぜながら凍らせたもの。
＊2　湯むきして厚さ1cmのくし形に切ったもの。

1　フルーツトマトは湯むきして種を除く。
2　1と塩をミキサーで撹拌し、なめらかなピュレにする。
3　パイナップルは皮と芯を除き、ミキサーで撹拌してなめらかなピュレにし、漉す。
4　2をグラスに注ぎ、上から3を静かに注ぐ。
5　マンゴーのグラニテを食べやすくずし、アイスディッシャーで中央にのせる。
6　5のまわりに飾り用フルーツトマトとマンゴーをのせ、エストラゴンを飾る。

3

SPICES & HERBS

ジンジャードリンク
ハーブドリンク

BASIC RECIPE 3 ジンジャーシロップ

ジンジャーシロップを炭酸水で割るジンジャーエール、お湯で割るショウガ湯などの"ジンジャーもの"は、新たな定番ドリンク。ベースとなるシロップは、ショウガの形状、ショウガと甘味料と水分のバランス、スパイスの種類が味づくりのポイントとなる。

ジンジャーシロップ
KOJIMACHI CAFE

材料　つくりやすい分量
ショウガ　1.2kg
きび砂糖　1.4kg
レモン（厚さ5mmのスライス）　6個
赤唐辛子（種を除く）　2本
オールスパイス　20個
クローブ　20個
カルダモン　5個
水　3ℓ

1 ショウガは皮ごと厚さ5mmにスライスし、水に浸して一晩おく。
　＊水に長時間浸けることで、加熱せずにショウガの風味を水に移す。
2 鍋にきび砂糖とレモンを入れ、中火にかける。鍋底にくっつかないようにかき混ぜながら、砂糖がキャラメル色になるまで熱する。
　＊ここで砂糖をしっかり色づけることで、香ばしさとこくのあるシロップになる。
3 火を弱め、焦げつかないように時々混ぜながら30～40分煮込む。
4 シロップが煮立ってきたら1のショウガと水を加える。
5 沸騰したらあくを除く。
6 4種類のスパイスを加え、弱火で15分ほど煮込む。粗熱をとり、密閉容器に入れて冷蔵庫で保存する。

砂糖は焦がしてキャラメル色に

ショウガは短時間で煮込む

ジンジャーシロップ（辛口・甘口）
BROWN RICE CAFÉ

POINT
ジンジャーシロップにも、さまざまな個性がある。たとえば「麹町カフェ」のシロップは、砂糖もスパイスも控えめのさっぱり系。一方、「アヂト」のように水分をなるべく加えず、甘みもスパイスもたっぷり加えると、パンチのきいた濃厚な味に。好みやTPOでつくり分けるのも面白い。

材料　つくりやすい分量
ショウガ（皮ごとスライス）　1kg
てんさい糖　1.5kg
ハチミツ　1kg
A
　シナモン　4本
　カルダモン　20個
　クローブ　20個
　黒コショウ　20個
　赤唐辛子（種を除く）　3本
レモンジュース　1ℓ
水　4ℓ

1. Aの材料を布で包み、ショウガ、てんさい糖、水とともに中火で約1時間ほど煮込む。
2. 1を火からおろし、ハチミツ、レモンジュースを加えて混ぜ、一晩おく。
3. Aを布ごと除き、ミキサーで撹拌してショウガを粉砕する。
4. 辛口タイプは、そのまま密閉容器に入れて冷蔵庫で保存する。
5. 甘口タイプは、3をさらしで漉し、ショウガの粒を除いてから冷蔵庫で保存する。辛口、甘口ともに1週間以内に使いきる。

ショウガシロップ
ADITO

材料　つくりやすい分量
ショウガ　500g
A
　三温糖　500g
　黒糖　少量
　赤唐辛子　適量
　シナモンパウダー　適量
　クローブ　適量
　レモンジュース　適量
水　500g

1. ショウガは皮ごとスライスする。
2. 1と水をミキサーで撹拌し、ペースト状にする。
3. 2とAの材料を火にかけ、沸かして砂糖を溶かす。砂糖が溶けたら、ふつふつと小さな泡が立つ程度の弱火にし、5分ほど煮る。
4. 火からおろし、粗熱をとり、布巾で漉す。しっかり布巾を絞ってシロップを最後まで漉しとる。密閉容器に入れ、冷蔵庫で保存する。

036
ジンジャーエール
KOJIMACHI CAFE

037
ホットアップルサイダー
BROOKLYN PARLOR

038
生姜はちみつドリンク
ADITO

040
ホットジンジャー
BROWN RICE CAFÉ

039
下町のHOTコーラ
CAFE BUFFO

041
リンゴのホットジンジャー
ROOF

63

036
ジンジャーエール
KOJIMACHI CAFE

きび砂糖で自然な甘みを、
スパイスとレモンで刺激をプラス。
食事中にもごくごく飲めるさっぱり系。

材料
ジンシロップ (P.60)　35㎖
ショウガのシロップ煮*　1枚
レモンのシロップ煮*　1枚
炭酸水　160㎖
氷　適量

＊ジンジャーシロップをつくる際に使ったショウガとレモンを使用。

1　グラスに氷を入れ、ジンジャーシロップを注ぐ。
2　ショウガとレモンのシロップ煮を入れ、炭酸水を注ぎ、混ぜ合わせる。

\ COLUMN /

ジンジャーでカクテル

ジンジャーシロップは、カクテルとも相性がよい。ジンジャーエールにグレナデンシロップを加える「シャーリーテンプル」、同量のビールで割って飲む「シャンディガフ」など、ショウガを使う定番カクテルも数多い。ホットアップルサイダー＋リキュールも、アメリカでは人気の味。

037
ホットアップルサイダー
BROOKLYN PARLOR

ほんのり甘く、スパイシーな風味は
NYの冬の風物詩。リキュールと
合わせれば、いっそう体が温まる。

材料　つくりやすい分量
リンゴ　1個
グラニュー糖　20g
ショウガ　1個
リンゴジュース　3ℓ
シナモン　3本
八角　1/2個
クローブ　15個
オレンジの皮　1/2個分
メープルシロップ　40㎖
レモンジュース　30㎖
ナツメグパウダー　適量

1　アップルサイダーをつくる。
①　リンゴは皮をむいてざく切りにし、グラニュー糖をまぶす。
②　ショウガは皮ごとスライスする。
③　①と②、リンゴジュース、シナモン、八角、クローブ、オレンジの皮を中火にかけ、リンゴが透き通ってくるまで約30分煮る。
④　メープルシロップ、レモンジュース、ナツメグパウダーを加え、5分ほど煮立たせて火からおろす。
⑤　ざるで漉してボウルに移し、氷水にあてて冷ます。冷蔵庫で保存し、3日以内に飲みきる。
2　1を1杯につき220㎖温め、カップに注ぐ。好みで、シロップやリキュール（ともに分量外）を加えて飲む。

038 生姜はちみつドリンク
ADITO

ほっと心和むショウガ湯は、
自然な甘みのハチミツが味の決め手。

材料
ショウガ風味のハチミツ (P.158)
　大さじ3
ショウガのハチミツ漬け (P.158)
　大さじ2
湯　180mℓ

1　耐熱グラスにショウガ風味のハチミツとショウガのハチミツ漬けを入れる。
2　湯を注ぐ。

039 下町のHOTコーラ
CAFE BUFFO

英語圏では腹痛時に飲む熱々コーラ。
ショウガ入りで効果倍増?!

材料
ショウガのスライス
　（星形とハート形・厚さ1mm）　各1枚
レモンのスライス（厚さ2mm）　1枚
コーラ　190mℓ

1　ショウガのスライス、レモンのスライス、コーラを強火にかけて沸かす。
2　火からおろし、カップに注ぐ。

040 ホットジンジャー
BROWN RICE CAFÉ

シロップは辛口・甘口お好みで。
素朴なお湯割りに楽しみが増す。

材料
ジンジャーシロップ (P.61)　45mℓ
湯　150mℓ

1　ジンジャーシロップをカップに入れる。
2　湯を注ぎ、混ぜ合わせる。

041 リンゴのホットジンジャー
ROOF

ショウガ湯にジンジャー風味のラムを1滴。
湯気と香りが立ちのぼる冬のドリンク。

材料
ショウガ（すりおろし）　4g
リンゴ　適量
きび砂糖　小さじ3
ショウガ風味のホワイトラム＊　適量
水　130mℓ

＊ホワイトラムにショウガの粗みじん切りを漬け込んだもの。

1　リンゴは4等分のくし形に切り、芯を除き、皮ごと厚さ2〜3mmに切る。さらに1枚を3等分の扇形に切る。
2　1と水を火にかけて沸かし、ショウガ、きび砂糖を加えて3〜4分中火で煮る。
3　2からリンゴを取り出し、カップに入れる。
4　残りの2を茶漉しで漉し、3のカップに注ぎ、茶漉しの中身をスプーンの背で押してショウガのエキスを搾りとる。
5　ショウガ風味のホワイトラムをたらす。

BASIC 4 RECIPE ハーブティー＆ハーブシロップ

炭酸水やジュースで割って使うアレンジドリンク用のハーブティー。
本来淡いハーブの風味が、他の素材と混ぜ合わせてもしっかりと感じられるよう、
茶葉を多めに使って濃く抽出するとよい。

ワイルドチェリー ハーブティー
CAFE MEDEWO

材料 つくりやすい分量
ハーブティーの茶葉＊　5g
湯　150mℓ

＊「ワイルドチェリー」(アムシュティー)。

1 湯にハーブティーの茶葉を入れ、蓋をして4分おく。
2 茶漉しで漉し、器に移す。
3 氷水にあてて冷ます。

レモンミント ハーブティー
CAFE MEDEWO

材料 つくりやすい分量
ハーブティーの茶葉＊　5g
湯　150mℓ

＊「レモンミント」(アムシュティー)。

1 湯にハーブティーの茶葉を入れ、蓋をして4分おく。
2 茶漉しで漉し、器に移す。
3 氷水にあてて冷ます。

POINT

アレンジドリンク用のハーブティーは、なるべく濃く抽出したいもの。ストレートで飲むときの2倍ほどの茶葉を使って抽出する。酸味の強いハーブティーはシロップにすると、濃く抽出しても飲みやすい。まとめて抽出し、冷蔵保存することも可能だが、長くおくと香りが失われるため、なるべく早く使いきる。

ローズヒップ ピーチシロップ

CAFE MEDEWO

材料　つくりやすい分量
ハーブティーの茶葉＊　10g
グラニュー糖　30g
湯　150㎖

＊「ローズヒップピーチ」（アムシュティー）。

1. 湯にハーブティーの茶葉を入れ、蓋をして4分おく。
2. 茶漉しで漉し、グラニュー糖を加えて溶かす。
3. 氷水にあてて冷ます。

ミントシロップ

CAFE MEDEWO

材料　つくりやすい分量
ハーブティーの茶葉＊　7g
グラニュー糖　適量
湯　130㎖

＊「ペパーミントミックス」（アムシュティー）。

1. 湯にハーブティーの茶葉を入れ、蓋をして4分間おく。
2. 茶漉しで漉し、抽出液の30％量のグラニュー糖を加えて溶かす。
3. 氷水にあてて冷ます。

042   043   044

042 ロゼソーダ
CAFE MEDEWO

個性的な香りを、やさしい風味の
リンゴジュースで飲みやすく。

材料
ワイルドチェリーハーブティー（P.66）
　60㎖
リンゴジュース　30㎖
シロップ　5㎖
ローズペタル（ドライ）　適量
トニックウォーター　95㎖
氷　100g

1　グラスに氷を入れ、リンゴジュースとシロップを混ぜ合わせて注ぐ。
2　ワイルドチェリーハーブティーを注ぐ。
3　トニックウォーターを静かに注ぎ、ローズペタルをちらす。

043 ローズヒップソーダ
CAFE MEDEWO

酸味の強いローズヒップは、
あらかじめシロップにすると柑橘とも合う。

材料
ローズヒップピーチシロップ（P.67）
　50㎖
グレープフルーツジュース　20㎖
ライムシロップ　5㎖
ライム（1/8等分のくし形）　1切れ
トニックウォーター　115㎖
氷　100g

1　ローズヒップピーチシロップとライムシロップを混ぜ合わせてグラスに注ぎ、氷を加える。
2　グレープフルーツジュース、トニックウォーターの順に静かに注ぎ、ライムをグラスの縁に飾る。

044 リフレッシュミントソーダ
CAFE MEDEWO

甘みをおさえた組み合わせで、
ミントの繊細な香りを生かす。

材料
レモンミントハーブティー（P.66）
　50㎖
グレープフルーツジュース　30㎖
ライムシロップ　10㎖
シロップ　5㎖
ミントの葉　適量
トニックウォーター　95㎖
氷　100g

1　グレープフルーツジュース、ライムシロップ、シロップを混ぜ合わせる。
2　グラスに氷を入れ、1とハーブティーを入れて混ぜ合わせる。
3　トニックウォーターを静かに注ぎ、ミントの葉を飾る。

\ COLUMN /

レイヤースタイル、注ぎ方の「こつ」

ジュースやシロップを美しい層にしてグラスに注ぐのは、ドリンクをワンランク上に見せてくれるテクニック。美しいレイヤーをつくるこつは、糖分が多く、比重の大きい液体から順に、静かに注ぐこと。氷をクッション役にし、氷にあたるように注ぐ方法でも、液体同士が混ざりにくくなる。

045
ぶどうとバジルのシェルパティー
KAORIS

046
パイナップルとローズマリーのアイスティー
KOJIMACHI CAFE

047
フルーツティーレモネード
（ホット）

KAORIS

048
フルーツティーレモネード
（コールド）

KAORIS

045

ぶどうとバジルの
シェルパティー

KAORIS

シャンパンとバジルでマリネしたブドウと、
香り高いダージリンの組み合わせで
涼やかな1杯に。

材料
紅茶の茶葉（ダージリン） 3g
湯 60㎖
ブドウ 6個
バジルの葉 2〜3枚
シャンパン 小さじ1
シロップ 大さじ1
飾り用バジルの葉 1〜2枚
氷 約150g

1 紅茶の茶葉に湯を注ぎ、蓋をして約3分おく。茶漉しで漉し、冷蔵庫で冷やす。
2 ブドウの皮をむいて、軽く押しつぶす。バジルの葉、シャンパン、シロップを加え、30分ほどおく。
3 グラスに氷、2のブドウとバジルの葉をバランスよく入れる。
4 1を注ぎ、2の漬け汁も加える。
5 飾り用バジルの葉を飾る。

046

パイナップルと
ローズマリーのアイスティー

KOJIMACHI CAFE

見た目も味も、パイナップルの
インパクトがあるトロピカルティー。
ローズマリーをアクセントに。

材料
パイナップル 120g
アイスティー☆ できあがりから200㎖
紅茶の茶葉（アールグレイ） 6g
湯 1ℓ
氷 適量
ローズマリー 1本
きび砂糖のシロップ 適量
氷 適量

1 紅茶の茶葉に湯を注ぎ、蓋をして3分おく。氷を加えて冷やす。このとき、できあがり量が1.5ℓになるように氷の量を調整する。冷蔵庫で保存する。
2 パイナップルは縦に3〜4等分に切り、皮と芯を除き、厚さ5㎜に切る。
3 グラスに氷とパイナップルを互い違いになるように入れる。
4 1を注ぎ、スプーンでパイナップルを軽くつぶし、混ぜ合わせる。
5 ローズマリーを飾り、きび砂糖のシロップを添える。

047

フルーツティーレモネード
（ホット）

KAORIS

果肉たっぷりのフルーツティーと
2種類のジュースの組み合わせ。
大きなカップで"フルーツスープ"風に。

材料
フルーツティー（ドライ）＊　10g
湯　70㎖
リンゴジュース　70㎖
オレンジジュース　70㎖
レモンのスライス　1枚

＊マンゴー、パイナップル、リンゴ、ハイビスカス、ローズヒップ、オレンジピール、サフラワーを乾燥させてブレンドしたもの。

1　容器にフルーツティーを入れ、湯を注ぐ。蓋をして3分おく。
2　カップにリンゴジュースとオレンジジュースを注ぎ、電子レンジで沸く寸前まで熱する。
3　2に1をフルーツごと注ぎ、レモンのスライスを浮かべる。

048

フルーツティーレモネード
（コールド）

KAORIS

鮮やかな赤が印象的なフルーツティーを、
果肉ごと盛りつけた1杯。
きゅっと締まった酸味は食事にも合う。

材料
フルーツティー（ドライ）＊　10g
湯　70㎖
リンゴジュース　70㎖
オレンジジュース　70㎖
レモンのスライス　1枚
氷　約180g

＊リンゴ、エルダーベリー、ビーツ、ハイビスカス、ブラックベリー、ブラックカラント、ラズベリー、ブラックベリーリーフ、ストロベリー、レッドカラントを乾燥させてブレンドしたもの。

1　容器にフルーツティーを入れて湯を注ぐ。蓋をして3分おく。
2　グラスにリンゴジュースとオレンジジュースを注ぎ、器の縁まで氷を入れる。
3　1のフルーツを2のグラスに盛りつけ、その抽出液を注ぐ。
4　レモンのスライスを飾る。

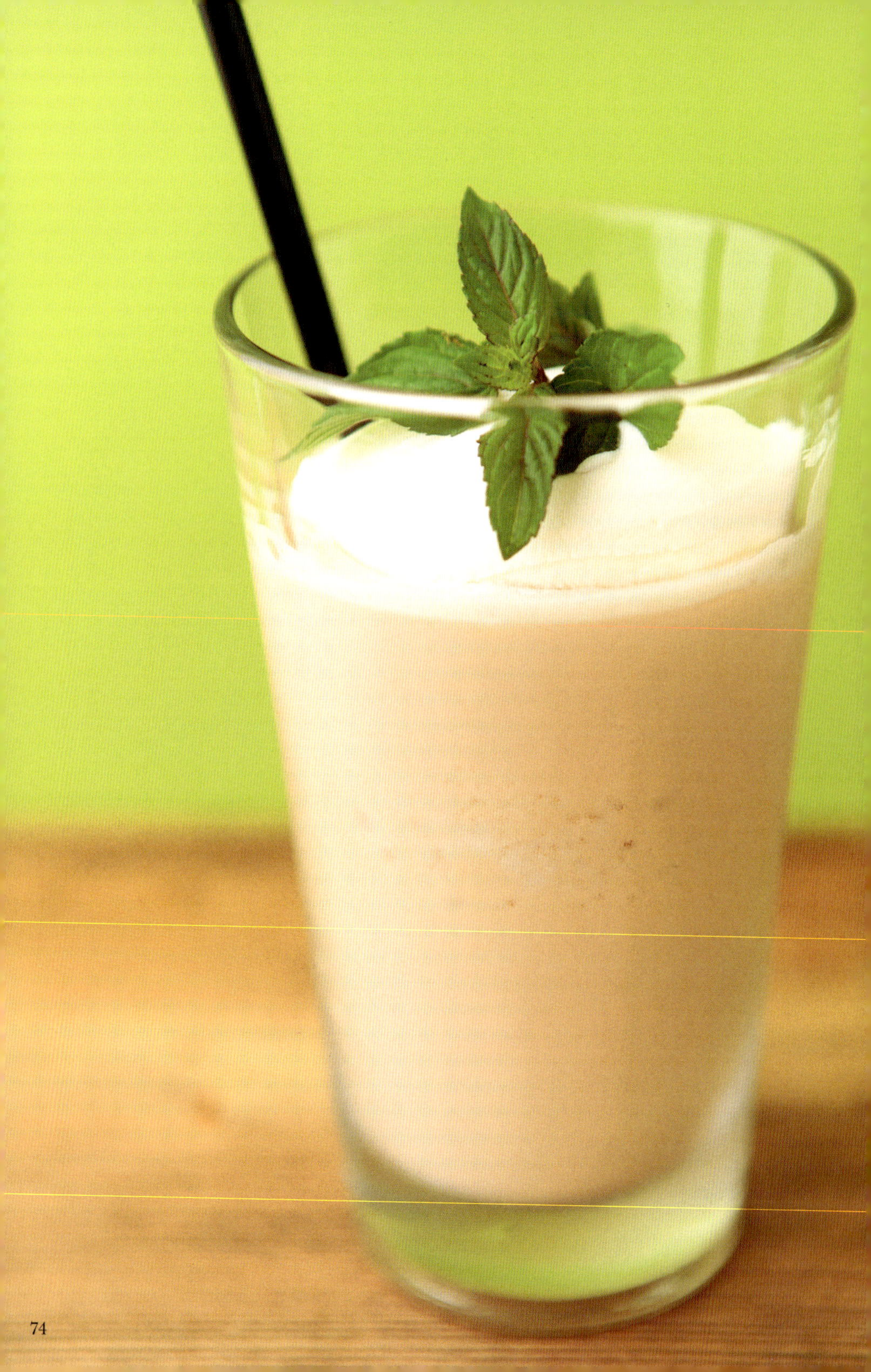

049

ハーブティシェイク ミント
CAFE MEDEWO

柑橘が香るアールグレイのシェイクにミントの爽快感を重ねる。
香りで味わう大人のシェイク。

材料
紅茶の茶葉（アールグレイ） 7g
湯 50㎖
ハチミツのジェラート☆
　　できあがりから80g
　卵黄 266g
　ハチミツ 340g
　牛乳 1ℓ
　生クリーム（乳脂肪分35%） 400g
牛乳 30㎖
ホイップクリーム 大さじ1
ミントシロップ（P.67） 25㎖
ミントの葉 適量
氷 100g

1. ハチミツのジェラートをつくる。
　① 卵黄とハチミツをよく混ぜる。
　② 牛乳を沸く直前まで熱し、①に混ぜ合わせる。
　③ ②を火にかけて81℃まで熱する。
　④ 氷水にあてて冷まし、生クリームを加え混ぜる。
　⑤ アイスクリームマシンでジェラートにする。
2. 紅茶の茶葉に湯を注ぎ、蓋をして1分半おく。茶漉しで漉す。
3. 1、2、牛乳、氷をミキサーに入れ、なめらかになるまで1分ほど撹拌する。
4. 3をグラスに注ぎ、ホイップクリームをのせる。
5. ミントシロップをかけ、ミントの葉を飾る。

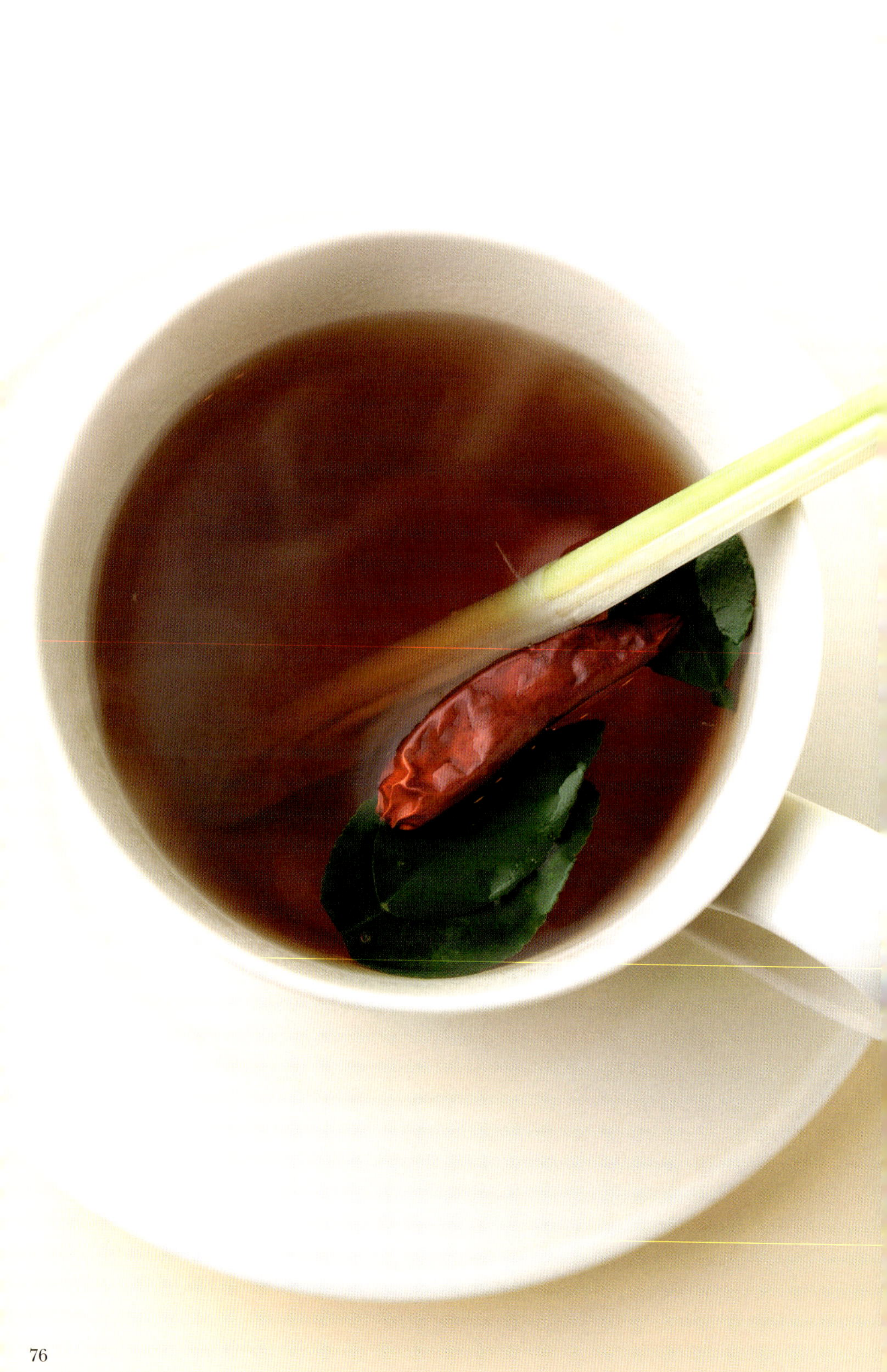

050

ハーバルバンコクブリーズティー
KAORIS

カップに紅茶を注ぐと、レモングラスとカファライムリーフの柑橘香が立ちのぼる。
旅に出たくなる、タイ風の紅茶の飲み方。

材料
紅茶の茶葉（夏摘みダージリン）　6g
湯　500㎖
カファライムリーフ＊　1〜2枚
赤唐辛子　1本
レモングラスの茎　1/2本
＊コブミカンの葉。

1　ポットに紅茶の茶葉を入れ、湯を注いで蓋をし、3分おく。
2　カップにカファライムリーフと赤唐辛子、レモングラスの茎を入れる。
3　2のカップに1を注ぐ。

ハーブを生かす、ハーブで生かす

ソーダやジュースなど、定番ドリンクにハーブを加えると、新鮮な印象を与えられる。
ただしハーブの香りは、案外存在感が強いだけに、使いどころが難しい。
ドリンクに香りを生かすための基本的な考え方と、本書に登場する組み合わせの一例を紹介する。

主役の素材と、同じ傾向の香りを組み合わせる

「爽快」「甘い」など風味のベクトルが同じ素材同士で組み合わせると、
その印象をさらに強めることができ、一体感のある味になる。

柑橘類 × ミント

柑橘類の爽やかな風味が、ミントの清涼感でさらに爽快に感じられる。

→P.17　ヴァージン モヒート
→P.22　ライムミントジュレップ
→P.68・69　リフレッシュミントソーダ

ベリー × ゼラニウム

ゼラニウムの甘い香りが、ベリーの甘ずっぱい風味を華やかに演出する。

→P.12・14　ベリーとローズゼラニウムのソーダ

主役の素材と対照的な香りを組み合わせる

「甘い素材」×「清涼感のあるハーブ」など、
風味のベクトルが逆方向の素材同士を組み合わせると、
それぞれの風味がさらに引き立ち、味わいに奥行きが出る。

チョコレート × ミント

お菓子の世界では定番のペア。チョコレートの甘さとこくに、ミントの爽快感。対照的な味が互いを引き立て合う。

→P.104　ショコラ ショー ア ラ マント

ブドウ × ミントまたはバジル

ブドウの濃厚な甘みと清涼感のあるハーブ。明快なコントラストのある組み合わせ。

→P.13・15　葡萄とミントのソーダ
→P.70・72　ぶどうとバジルのシェルパティー

ハーブの香りを主役に、甘みを少し補う

ハーブをメインに味わってほしいときは、
脇役的な素材を加えてもいい。
ハーブの味を邪魔せず、やさしい甘みを補える
フルーツジュースなどが向いている。

酸味の強い赤いハーブ × リンゴジュース

ローズヒップやハイビスカスなど酸味の強い素材は、
リンゴやオレンジのジュースと組み合わせると
飲みやすくなる。ジュースの味も、ハーブの力で引き締まる。

→ P.68　ロゼソーダ
→ P.71・73　フルーツティーレモネード

お茶にアクセントとして香りを加える

お茶とハーブの組み合わせのなかには、
すでによく知られたものも多い。
ある程度幅広く合わせることができるので、自由に試してみよう。

緑茶 × ミント

モロッコ風グリーンティーで知られる組み合わせ。
最初にミントが爽やかに香り、次にお茶の苦み、渋みを感じる。
その時間差が風味に奥行きを与える。

→ P.135・137　緑茶豆乳ラテ

紅茶 × カファライムリーフまたはローズマリー

強い香りをもつハーブを
紅茶に加えて個性派ドリンクに。

→ P.70・72　パイナップルとローズマリーのアイスティー
→ P.76・77　ハーバルバンコクブリーズティー

4

SWEET SWEET SWEET…

デザートドリンク
チョコレートドリンク

クリーム＆ミルク

BASIC 5 RECIPE

デザートドリンクの仕上げにのせたり、混ぜたりと、大活躍の甘いクリームやミルク。
基本アイテムのホイップクリームのほかに、チーズやココナッツなどのクリームも定番。
味や食感に変化をつけて何種類か用意すると、レシピのバリエーションが広がる。

チーズクリーム
KAORIS

材料　つくりやすい分量
クリームチーズ　50g
レモンジュース　9㎖
シロップ　16㎖
ホイップクリーム　50g

1　クリームチーズを常温においてやわらかくし、裏漉しする。
2　1にレモンジュース、シロップを混ぜ合わせ、なめらかなクリーム状にする。
3　ホイップクリームを一度に加える。
4　泡をつぶさないようにさっくり、ムラなく混ぜる。

> レモンの酸味で、味をきりりと

> ふんわり、軽い口あたり

POINT

ベースのクリームやペーストは、質感にも気を配って考えるといい。同じココナッツミルクでも、牛乳を加えると、そのままでもごくごく飲めるさらりとした液体になるし、エバミルクと合わせれば、とろりとクリーミーになる。どちらか1種を使い回しても失敗するわけではないが、組み合わせる相手やつくりたいドリンクのイメージで使い分けると、完成度が一段高まる。

マスカルポーネクリーム
KAORIS

材料　つくりやすい分量
クリームチーズ　100g
マスカルポーネチーズ　100g
グラニュー糖　60g
ホイップクリーム　60g

1　クリームチーズを常温においてやわらかくし、裏漉しする。
2　1とマスカルポーネチーズ、グラニュー糖を合わせ、泡立て器ですり混ぜる。
3　ホイップクリームを加え、泡をつぶさないようにさっくり、ムラなく混ぜる。

ココベースA
KAORIS

材料　つくりやすい分量
ココナッツミルク　100㎖
牛乳　150㎖
シロップ　10㎖

1　すべての材料をムラなく混ぜ合わせる。

ココベースB
KAORIS

材料　つくりやすい分量
ココナッツミルク　100㎖
エバミルク　60g
シロップ　30㎖

1　すべての材料をムラなく混ぜ合わせる。

ココクリーム
KAORIS

材料　つくりやすい分量
ココナッツミルク　20㎖
ホイップクリーム　30g

1　ココナッツミルクとホイップクリームをムラなく混ぜ合わせる。

051

ショートケーキラテ
KAORIS

紅茶とショートケーキのおいしさを
1杯のグラスに表現。
見た目の愛らしさも、まるでお菓子のよう。

材料
コンデンスミルク　20g
イチゴのピュレ　40g
牛乳　約150㎖
濃縮紅茶（P.122）　30㎖
ホイップクリーム　10g
イチゴのパウダー（フリーズドライ）　適量
氷　約150g

1　グラスにコンデンスミルクを注ぎ、イチゴのピュレ30gを加える。
2　氷をグラスの縁まで入れ、牛乳を静かに注ぐ。
3　2の氷にあてて濃縮紅茶を注ぎ入れ、牛乳の上に層をつくる。
4　ホイップクリームをスプーンでのせ、イチゴのピュレ10gをかける。
5　イチゴのパウダーをちらす。

052

ブルーベリーチーズケーキラテ
KAORIS

イメージは、ブルーベリーソースを
トッピングしたチーズケーキ。
余韻に紅茶の香りが広がる。

材料

ブルーベリーのピュレ　35g
牛乳　140㎖
濃縮紅茶（P.122）　30㎖
チーズクリーム（P.82）　40g
ホイップクリーム　10g
ブルーベリー　3個
氷　約150g

1 グラスにブルーベリーのピュレ30gを入れ、氷を加える。
2 牛乳を注ぎ、1の氷にあてて濃縮紅茶を加え、2層にする。
3 チーズクリームの半量をスプーンですくってのせる。
4 3の上にホイップクリームをスプーンでのせ、残りのチーズクリームを重ねる。
5 ブルーベリーのピュレ5gをかけ、ブルーベリーをちらす。

053

バナナタピオカミルク
KAORIS

やさしい甘さのココナッツミルクと
バナナがベストマッチ。もちもちの
タピオカ入りで、アジアンテイストを強調。

材料
バナナのピュレ　50g
ココベースA（P.83）　100mℓ
ココクリーム（P.83）　20g
タピオカのシロップ煮　20g
氷　約70g

1　グラスにバナナのピュレ30gを入れ、氷を加える。
2　ココベースAを注ぎ、ココクリームをスプーンでのせる。
3　バナナのピュレ20gをのせ、タピオカのシロップ煮を加える。

054

チャイのぷるんとミルク
CAFE BUFFO

スパイスをきかせたチャイを
プリン仕立てに。ミルクとともに
ぷるぷる食感で味わう"食べるチャイ"。

材料
チャイのプリン（P.158） 2個
牛乳　120㎖
シロップ　10㎖
ホイップクリーム　大さじ1
シナモンパウダー　適量
ミントの葉　適量
マシュマロ（ハート型）　1個
氷　適量

1　グラスにチャイのプリンをくず
　　しながら入れる。
2　牛乳にシロップを混ぜ、1に注ぐ。
3　氷を加えて混ぜ合わせる。
4　ホイップクリームをスプーンで
　　のせ、シナモンパウダーをふる。
5　ミントの葉とマシュマロを飾る。

055
桃のデザートドリンク
TAKANO FRUIT PARLOUR

056
ブルーベリーヨーグルトドリンク
TAKANO FRUIT PARLOUR

055

桃のデザートドリンク
TAKANO FRUIT PARLOUR

つるり、しゃりしゃり、とろり……ゼリー、コンポート、ソースの織りなす多彩な食感も楽しい、桃づくしのパフェ的ドリンク。

材料
ピーチゼリー☆　できあがりから20g
- グラニュー糖　120g
- 粉ゼラチン（水でもどす）　10g*1
- ピーチリキュール　20㎖
- 水　500㎖

桃のシロップ漬け☆
　できあがりから1/3個分
- グラニュー糖　80g
- レモンジュース　少量
- 白桃の果肉　1個分
- 水　400㎖

黄桃のソース☆　できあがりから15g
- 黄桃（缶詰）　100g
- レモンジュース　5㎖

シロップ*2　20㎖
ヨーグルト*3　80g
桃のグラニテ*4　30g
ミントの葉　適量

*1　水でもどした後の重量。
*2　桃のシロップ漬けに使ったもの。
*3　ヨーグルト1kg、グラニュー糖20g、ハチミツ40gを混ぜ合わせたもの。
*4　桃の果肉をミキサーでジュースにし、冷凍庫で冷やしかため、途中で何度もかき混ぜながら凍らせたもの。

1　ピーチゼリーをつくる。
　① 水とグラニュー糖を火にかけ、グラニュー糖を溶かして火からおろす。
　② ①に粉ゼラチン、ピーチリキュールを混ぜ、冷蔵庫で冷やしかためる。

2　桃のシロップ漬けをつくる。
　① 水とグラニュー糖を火にかけ、グラニュー糖を溶かして火からおろす。
　② ①にレモンジュースを混ぜる。
　③ 白桃の果肉は一口大に切る。
　④ ②が熱いうちに③を浸ける。
　⑤ 粗熱をとり、冷蔵庫で一晩おく。
　⑥ ⑤の白桃のうち1/3は1cm角に切る。残りはくし形に切る。

3　黄桃のソースをつくる。材料をミキサーでなめらかになるまで撹拌する。

4　1をスプーンですくってグラスに入れ、1cm角の2をのせる。

5　3とヨーグルトを順に入れ、桃のグラニテを食べやすくくずしてのせる。

6　くし形の2をのせ、ミントの葉を飾る。

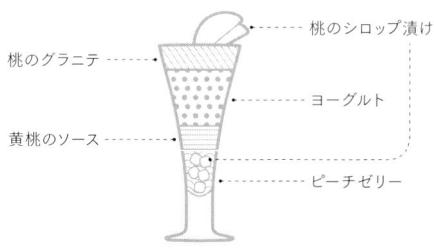

桃のシロップ漬け
ヨーグルト
ピーチゼリー
桃のグラニテ
黄桃のソース

056

ブルーベリーヨーグルトドリンク
TAKANO FRUIT PARLOUR

定番コンビを華やかな1杯に。風味が淡いフルーツは、ジャムやコンポートにして風味を凝縮させると、他の素材と組み合わせても持ち味が生きる。

材料
ブルーベリーのグラニテ☆
　できあがりから40g
　ブルーベリージャム　100g
　リンゴジュース　50㎖
　水　50㎖
ブルーベリージャム　20g
ヨーグルト＊　80g
ブルーベリー　6個
ミントの葉　適量

＊ヨーグルト1kg、グラニュー糖20g、ハチミツ40gを混ぜ合わせたもの。

1　ブルーベリーのグラニテをつくる。材料をミキサーで撹拌して容器に移し、冷凍庫で冷やしかためる。途中で何度もかき混ぜながら凍らせる。
2　グラスにブルーベリージャムを入れ、ヨーグルトをのせる。
3　1を食べやすくくずしてのせる。ブルーベリーをのせ、ミントの葉を飾る。

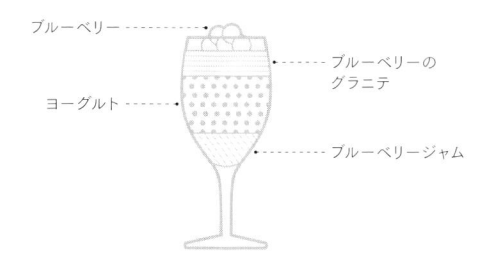

057
特製ピーチネクター
ROOF

058
栗のミルクセーキ
ROOF

059
デコポンのミルクセーキ
ROOF

057

特製ピーチネクター
ROOF

白桃のコンポートの風味が、
チェリーブランデーのアクセントで際立つ。
ざくろのシロップで、きれいな桃色を演出。

材料
白桃のシロップ漬け(缶詰)＊　桃1個分
きび砂糖　小さじ3
グレナデンシロップ　少量
生クリーム　小さじ1
キルシュ　5㎖
仕上げ用生クリーム　適量
水　120㎖
クラッシュアイス　80g
＊汁気をきり、冷凍しておく。

1　白桃のシロップ漬け、きび砂糖、グレナデンシロップ、生クリーム、キルシュ、水をミキサーに入れ、10秒ほど撹拌する。
2　1にクラッシュアイスを加え、全体がなめらかになるまで10〜20秒撹拌する。
3　2をグラスに注ぎ、仕上げ用生クリームをまわしかける。

058

栗のミルクセーキ
ROOF

秋においしいこっくりとした味。
栗のラム酒漬けとペーストを使い、
モンブランのような濃厚な味わいに。

材料
栗のダークラム漬け＊　30g
マロンペースト　小さじ3
バニラアイスクリーム　50g
きび砂糖　小さじ1と1/2
牛乳　120㎖
クラッシュアイス　80g
＊むき栗、または皮をむいた甘栗をダークラムに1日以上漬けたもの。

1　栗のダークラム漬け、マロンペースト、バニラアイスクリーム、きび砂糖、牛乳をミキサーに入れ、10秒ほど撹拌する。
2　クラッシュアイスを加え、さらに10〜20秒、なめらかになるまで撹拌し、グラスに注ぐ。

059

デコポンのミルクセーキ
ROOF

みずみずしい酸味と香り。
フレッシュなデコポンの持ち味を生かし、さらりと飲める質感に仕上げる。
さわやかな春のミルクセーキ。

材料
デコポン　1/2個
バニラアイスクリーム　50g
きび砂糖　小さじ3
牛乳　120㎖
クラッシュアイス　80g

1　デコポンは皮をむき、表面の白い筋をとって乱切りにし、冷凍する。

2　1とバニラアイスクリーム、きび砂糖、牛乳をミキサーに入れ、10秒ほど撹拌する。

3　クラッシュアイスを加え、さらに10〜20秒、なめらかになるまで撹拌し、グラスに注ぐ。

\ COLUMN /

ミルクセーキのバリエーション

懐かしの喫茶店メニュー、「ミルクセーキ」。ベースは、バニラアイスクリームと牛乳、そして甘みの素材。ここに旬の素材を加えれば、何でもミルクセーキになる。デコポンなど甘ずっぱくて果汁の多いフルーツなら、さらりとみずみずしいドリンクになるし、デンプン質の多い栗やイモなら、まったりとした口あたりのシェイク風に。2つ以上の素材をミックスすることでも、バリエーションが広げられる。

060
グルーヴィ グァバ
BROOKLYN PARLOR

061
梅ぼしはちみつ
ADITO

062
健美アサイヨーグルト
ADITO

060

グルーヴィ グァバ
BROOKLYN PARLOR

鋭い酸味と香りが個性のトロピカルフルーツ、グァバ。
その果汁をココナッツミルクと合わせるとまろやかになる。
デンファレを飾り、味も見た目もハワイアンテイストの1杯に。

材料

ココナッツミルク☆
- できあがりから100㎖
- ココナッツロング　300g
- グラニュー糖　200g
- 牛乳　2ℓ

グァバジュース　100㎖
生クリーム　小さじ2
デンファレの花　1輪
クラッシュアイス　適量

1　ココナッツミルクをつくる。
　① 牛乳にココナッツロング、グラニュー糖を加えて弱火で30分、沸騰しないように温めてココナッツの香りを牛乳に移す。
　② 漉してボウルに移し、氷水（分量外）にあてて冷ます。冷蔵庫で保存し、3日以内に使いきる。

2　グラスに1とグァバジュース、生クリーム、クラッシュアイスを入れて混ぜ合わせる。

3　デンファレの花を飾る。

061 梅ぼしはちみつ
ADITO

南高梅の梅干しと梅ジャム入りの、甘・旨・すっぱいジャパニーズシェイク。トッピングの梅仁丹を食感のアクセントに。

材料
梅干し*1　15g
梅のジャム*1　22g
梅風味のハチミツ*1　22g
シェイクベース*2　40㎖
ヨーグルト　適量
梅仁丹　適量
氷（8㎝角）　2個

*1　すべて丸惣食品。
*2　バニラアイスクリーム大さじ8と牛乳480㎖をよく混ぜ合わせたもの。

1　梅干しは種を除き、包丁でたたいてペースト状にする。
2　1に梅のジャム、梅風味のハチミツを混ぜ合わせる。
3　2、シェイクベース、氷をミキサーで、なめらかになるまで撹拌する。
4　グラスに注ぎ、ヨーグルトをかけ、梅仁丹をのせる。

062 健美アサイヨーグルト
ADITO

ビタミンたっぷり！　注目フルーツのアサイを、アセロラの酸味、マンゴーの香り、バナナの甘みとブレンドして飲みやすく。

材料
アセロラ（冷凍）　50g
マンゴー（冷凍）　45g
アサイのピュレ（冷凍）　10g
バナナ　10g
ヨーグルト　45㎖
ハチミツ　30㎖
シェイクベース*　50㎖
仕上げ用ヨーグルト　適量
氷（8㎝角）　1.5個

*バニラアイスクリーム大さじ8と牛乳480㎖をよく混ぜ合わせたもの。

1　アセロラ、マンゴー、アサイのピュレを、ミキサーでなめらかになるまで撹拌する。
2　バナナは皮をむいて厚さ3㎜ほどの輪切りにし、1と合わせて冷凍する。
3　2をミキサーで撹拌して粗く砕く。
4　ヨーグルト45㎖、ハチミツ、シェイクベース、氷を加え、なめらかになるまで撹拌する。
5　グラスに注ぎ、仕上げ用ヨーグルトをかける。

063
㊙辛ホットチョコ
ADITO

064
ホットショコラ
BROWN RICE CAFÉ

065
ココア
CAFE MEDEWO

066
ラム酒の入った
チョコレートバナナジュース
ROOF

063

㊙辛ホットチョコ
ADITO

スパイシーで濃厚なチョコレート味。
唐辛子のパウダーと黒コショウを
たっぷり加えるのが、ピリピリ、
刺激的な仕上がりの秘密。

材料
A
| チョコレート　大さじ1
| ココアパウダー　大さじ1
| 赤唐辛子　1/2本
| カルダモン　1個
| 八角　適量
| 黒コショウ　適量
| チリパウダー　適量
| ナツメグパウダー　適量
生クリーム　大さじ2
牛乳　200㎖
ホイップクリーム　適量
バニラシュガー＊　適量

＊グラニュー糖150gとバニラビーンズの種子1本分をよく混ぜ合わせたもの。

1　牛乳を弱火にかけて沸かす。
2　Aの材料に1の半量を加えて混ぜ、チョコレートを溶かす。
3　残りの1に生クリームを加える。
4　3に2を加え、弱火にかけて沸かす。
5　4をカップに注ぎ、ホイップクリームをのせ、中央にバニラシュガーをちらす。

064

ホットショコラ
BROWN RICE CAFÉ

ヴィーガンのチョコレート好きに！
カカオマスにてんさい糖や米飴、
甘酒で甘みを加え、豆乳で割った
菜食主義なショコラドリンク。

材料
ガナッシュ☆　できあがりから小さじ2
| カカオマス（きざむ）　100g
| てんさい糖　140g
| 玄米甘酒　20㎖
| 米飴　20g
| バニラエッセンス　適量
| 豆乳　100㎖
豆乳　70㎖
カイエンペッパー　適量

1　ガナッシュをつくる。
　① てんさい糖、玄米甘酒、米飴、豆乳を火にかけ、沸く寸前まで熱して火からおろす。
　② カカオマスを加え、混ぜて溶かす。
　③ バニラエッセンスを加えて混ぜる。冷蔵庫で保存し、1週間以内に使いきる。
2　1と豆乳を弱火にかけ、温めながら混ぜ合わせる。
3　沸く直前に火からおろし、カップに注ぎ、カイエンペッパーをふる。

065

ココア
CAFE MEDEWO

ハチミツとコアントローの香りで
なめらかなチョコレートに深い余韻を残す。
スイーツ感覚で味を構築した
チョコレートドリンク。

材料
ココアベース☆　できあがりから45g
　チョコレート（カカオ分58％）　100g
　ココアパウダー　40g
　コアントロー　17㎖
　ハチミツ　10g
　湯　150㎖
牛乳　135㎖
ホイップクリーム　5g
ココアパウダー　適量

1　ココアベースをつくる。
　① チョコレートを湯煎で溶かし、ココアパウダーを加えて混ぜる。
　② 湯にハチミツを混ぜ、①に数回に分けて加え、混ぜ合わせる。
　③ 粗熱をとり、コアントローを加えて混ぜる。密閉容器に入れ、冷蔵庫で保存する。
2　1をウォーマーで温める。牛乳20〜30㎖を加えて再度温め、カップに注ぐ。
3　残りの牛乳でフォームドミルクをつくり、2のカップに注いでモチーフを描く。
4　ホイップクリームをスプーンでのせ、ココアパウダーをふる。

066

ラム酒の入った
チョコレートバナナジュース
ROOF

チョコレート×バナナ×ラム。
相性ぴったりの南洋の黄金トリオを、
濃厚なフレーバーのジュースに。

材料
バナナ＊　1/2本
ココアパウダー　小さじ3
きび砂糖　小さじ4
ダークラム　5㎖
牛乳　120㎖
生クリーム　大さじ1
アラザン　適量
クラッシュアイス　80g
＊皮をむいて3〜4㎝幅に切り、冷凍しておく。

1　バナナ、ココアパウダー、きび砂糖、ダークラム、牛乳をミキサーに入れ、10秒ほど撹拌する。
2　クラッシュアイスを加え、なめらかになるまで10〜20秒撹拌する。
3　2をグラスに注いで生クリームをまわしかけ、アラザンをちらす。

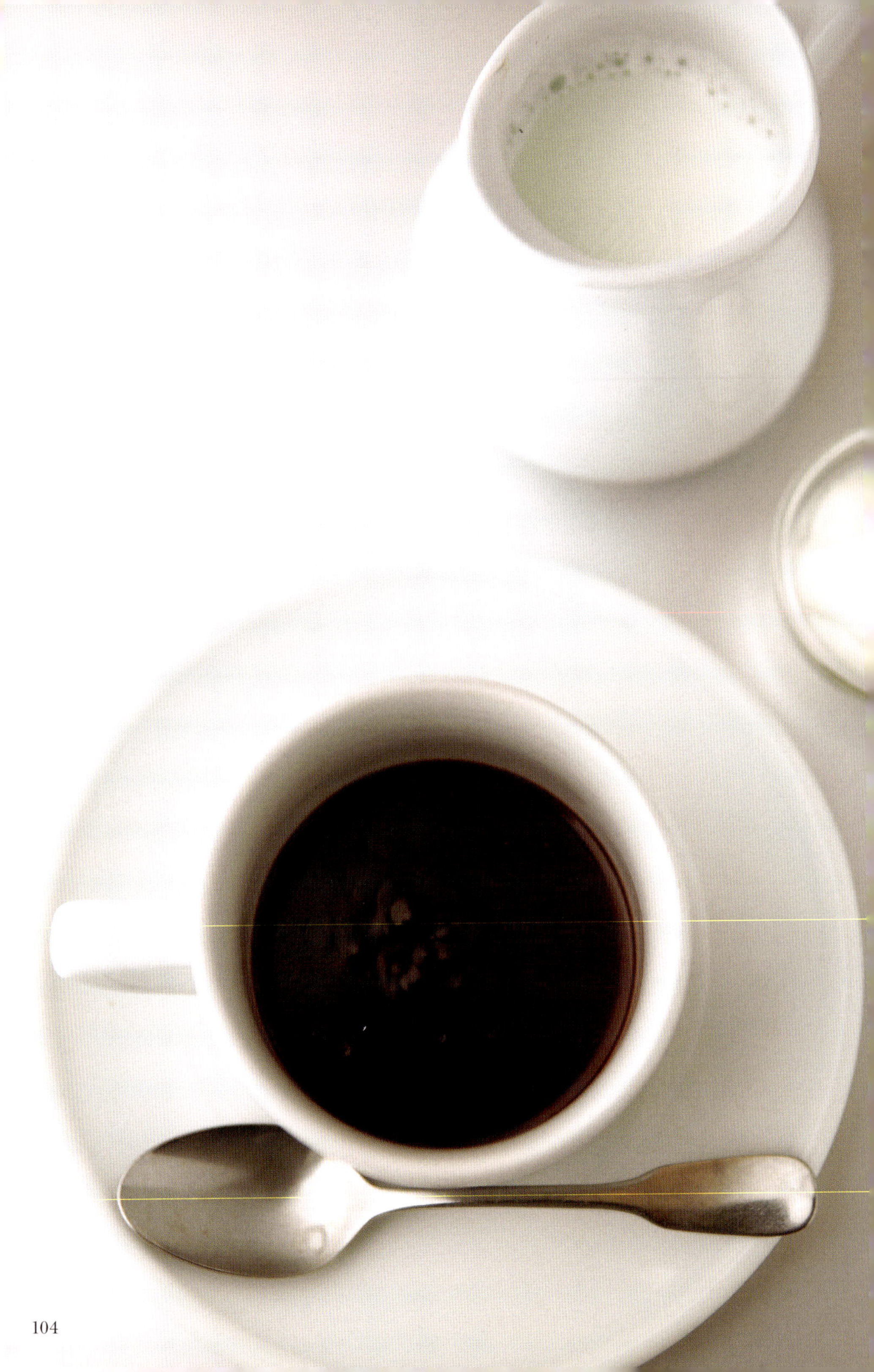

ショコラショー ア ラ マント
CAFÉ VIVEMENT DIMANCHE

濃厚なガナッシュにミルクを好きなだけ注いで飲むのが、フレンチカフェの流儀。
ミルクにミントの香りを漂わせる、ボンボン・ショコラのようなアレンジで。

材料
チョコレート*　35g
生クリーム（乳脂肪分42％）　10g
牛乳　35g
ミントリキュール　小さじ1
スペアミントの葉　5〜6枚
牛乳　200g
ホイップクリーム　適量

*「グアナラ」（カカオ分70％／ヴァローナ）。

1　チョコレートと生クリーム、牛乳35gを耐熱容器に入れ、電子レンジで加熱してチョコレートを溶かす。
2　ミントリキュール、スペアミントの葉、牛乳200gを弱火にかけ、沸く寸前に火からおろす。
3　2を茶漉しで漉し、ピッチャーに注ぐ。
4　1をカップに入れ、3とホイップクリームを添える。好みの割合で混ぜて飲む。

068
逆アポロ
SARASA

069
黒ごまきな粉ミルク
CAFE MEDEWO

070

甘酒牛乳
ADITO

そのまま飲んでも、さらりとおいしい甘酒を
牛乳割りに。甘すぎないから、
おやつのおともにもぴったり。

<u>材料</u>
甘酒*　90㎖
牛乳　220㎖

＊「薩摩くろ七夕黒麹仕込み甘酒」（田崎酒造）。

1　甘酒と牛乳を電子レンジで加熱して
　　沸かす。
2　カップに注ぐ。

068 逆アポロ
SARASA

昔懐かしいチョコレートのお菓子から発想。誰もが好きなイチゴミルクにチョコレートシロップをトッピング。

材料
イチゴ（冷凍）　20g
三温糖　小さじ1
牛乳　120㎖
ホイップクリーム　適量
チョコレートシロップ　適量
氷　適量

1　ミキサーにイチゴ、三温糖、牛乳を入れて、なめらかになるまで約20秒撹拌する。
2　グラスに氷を入れて1を注ぐ。
3　ホイップクリームをたらし、チョコレートシロップで飾る。

069 黒ごまきな粉ミルク
CAFE MEDEWO

和菓子のような、まったりとした食感。黒ゴマ、黒みつ、きなこのトリオが濃厚なこくを生み出す。

材料
黒ゴマきなこベース
　黒ゴマペースト　20g
　黒みつ　10㎖
　シロップ　10㎖
　きなこ　3g
　湯　20㎖
牛乳　140㎖
ホイップクリーム　適量
きなこ　適量
黒ゴマ　適量
氷　40g

1　黒ゴマきなこベースをつくる。
　① 湯以外の材料を合わせ、泡立て器で混ぜてペースト状にする。
　② 湯を混ぜ入れ、裏漉しする。
2　1をグラスに入れ、牛乳と氷を加え、混ぜ合わせる。
3　ホイップクリームをスプーンでのせ、きなこと黒ゴマをちらす。

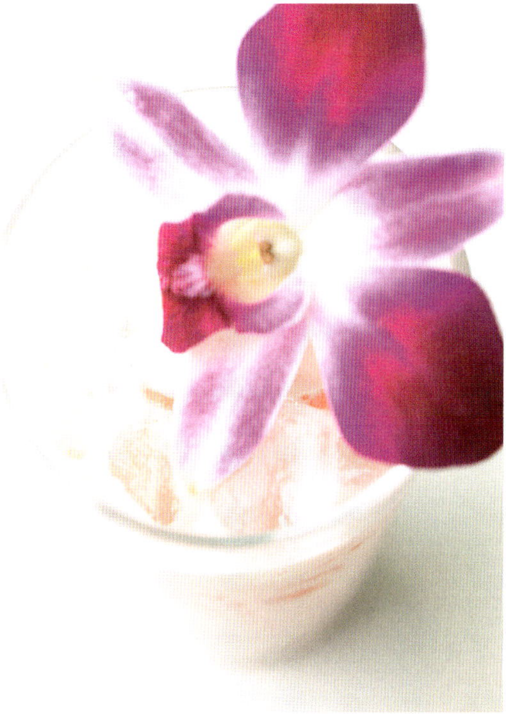

5

Coffee or Tea with Milk

ミルクと合わせる、
コーヒー＆お茶のアレンジドリンク

エスプレッソ

BASIC 6 RECIPE

ミルクを使ったコーヒーのアレンジドリンクには、ミルクに負けない強い味をもつエスプレッソが向く。コーヒーの挽き方、湯量とのバランス、湯温、挽き方、道具の使い分けで、濃さや風味を調整できる。

エスプレッソ
CAFÉ VIVEMENT DIMANCHE

材料　2杯分
コーヒー
　（エスプレッソ用に挽いたもの）　20g＊
湯　約60㎖＊

＊ストレートで飲む場合の分量。コーヒーと湯の量は、用途によって調整する。

エスプレッソマシンの部品

デフューザー
細かく多数の孔があいた円盤状のヘッドからシャワーのように湯が出る。この下にポルタフィルターをセットして使う。

スチーマー
先端に蒸気孔のあいたノズルが付いている。ピッチャーに入れたミルクにノズルを浸し、スチームで温めたり、泡立てたりする。

1. エスプレッソマシンの湯温を94～94.1℃にセットする。デフューザーからポルタフィルターをはずし、5～6秒空焚きする。

   ＊空焚きするのは前回の抽出でデフューザーに付いた粉を確実に落とすため。長く空焚きすると湯温が下がるので注意。

2. ポルタフィルターを乾いた布でふき、コーヒーを入れる。

3. 表面を軽く手でならし、フィルターすれすれまで粉が詰まった状態にする。

4. タンピングを行う。コーヒーの表面をタンパーで水平に押さえ、コーヒーの密度をととのえる。

   ＊フィルター内の粉の密度にムラがあると抽出スピードにブレが出るので、均等に力を入れるように心がける。

5. タンピングを終えた状態。

6. ポルタフィルターをデフューザーにセットする。

7. スイッチを入れ、抽出する。よい抽出の目安は、写真のようにコーヒーの抽出液に空気が混じって白っぽくなり、質感はハチミツがたれるようにとろりとしていること。1杯につき約30㎖を20～30秒で抽出する。

   ＊抽出の速度を決める要素の一つが、コーヒーのメッシュ（粒子の粗さ）。抽出のスピードが速すぎる場合はメッシュを細かく、時間がかかりすぎる場合はメッシュを粗く調整し、プロセス3から再びやりなおす。

エスプレッソの道具

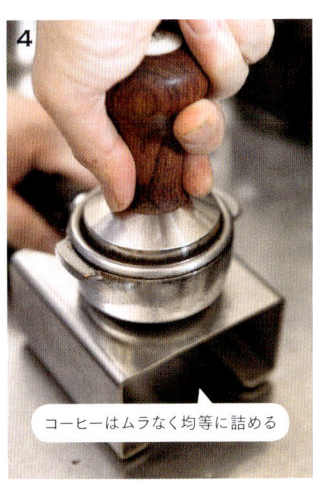

ポルタフィルター

エスプレッソマシン用のフィルター。ノズルとハンドル付きのホルダーに多数の細かい孔があいたフィルターをセットして使う。ホルダーにノズルがなく、直接フィルターから抽出液を落とす形状を「ボトムレス」と呼ぶ。

タンパー

ポルタフィルターに入れたコーヒーを、ムラなくギッシリ詰める「タンピング」の際に使う道具。

> コーヒーはムラなく均等に詰める

> とろりとした質感が抽出成功の目安

071
カプチーノ
CAFÉ VIVEMENT DIMANCHE

072
カフェクレーム
CAFÉ VIVEMENT DIMANCHE

073
アインシュペナー
CAFÉ VIVEMENT DIMANCHE

074
ラズベリーホワイトモカ
BROOKLYN PARLOR

071

カプチーノ
CAFÉ VIVEMENT DIMANCHE

エスプレッソの基本アレンジ。
きめ細かく泡立てたフォームドミルクの、
なめらかな口あたりも成功の鍵。

材料

エスプレッソ☆　できあがりから30㎖
| コーヒー（エスプレッソ用に挽いたもの）　21g
| 湯　約60㎖
牛乳　150～160㎖

1. P.112の要領でエスプレッソをつくる。
2. 牛乳をスチーマーで温め、ホットミルクとフォームドミルクをつくる。
3. 1をカップに入れ、上から2を静かに注いでモチーフを描く。

072

カフェクレーム
CAFÉ VIVEMENT DIMANCHE

あっさりしたエスプレッソに温めたミルク。
自由にブレンドして飲むのが、
正統派フレンチスタイル。

材料

エスプレッソ
| コーヒー（エスプレッソ用に挽いたもの）　18g
| 湯　150㎖
牛乳　200㎖

1. P.112の要領でエスプレッソをつくる。ポルタフィルターはボトムレスを使う。
2. 1をピッチャーに注ぐ。
3. 牛乳をスチーマーで温めてホットミルクをつくり、別のピッチャーに注ぐ。
4. カップに2と3のピッチャーを添える。好みの割合で混ぜて飲む。

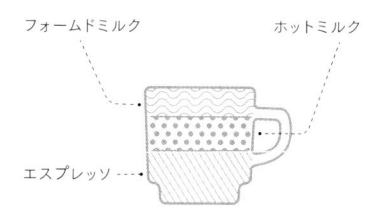

073

アインシュペナー
CAFÉ VIVEMENT DIMANCHE

ホイップクリームをたっぷりのせる
シンプルなウィンナコーヒーは、
濃いめのエスプレッソが味の決め手。

材料

エスプレッソ
- コーヒー（エスプレッソ用に挽いたもの）　18g
- 湯　100㎖

ホイップクリーム　大さじ3

1　P.112の要領でエスプレッソをつくる。ポルタフィルターはボトムレスを使う。
2　1をカップに注ぎ、ホイップクリームをスプーンでのせる。

- ホイップクリーム
- エスプレッソ

074

ラズベリーホワイトモカ
BROOKLYN PARLOR

エスプレッソの苦みに、
ホワイトチョコレートの甘み、
ラズベリーの酸味が絶妙のハーモニー。

材料

エスプレッソ☆　できあがりから15㎖
- コーヒー（エスプレッソ用に挽いたもの）　15g
- 湯　40㎖

ラズベリーホワイトジャム（P.159）
　大さじ1/2
牛乳　120㎖
マシュマロ　1個
ラズベリーソース（P.159）　適量
ココアパウダー　適量

1　P.112を参考に、エスプレッソをつくる。湯温は約90℃、抽出時間は28〜30秒で約30㎖を抽出する。
2　カップに1とラズベリーホワイトジャムを入れて混ぜ合わせる。
3　牛乳をスチーマーで温め、ホットミルクとフォームドミルクをつくる。ホットミルクを2に混ぜ合わせて、残ったフォームドミルクを上にのせる。
4　マシュマロに切り込みを入れてカップの縁にかけ、ラズベリーソースをかけ、ココアパウダーをふる。

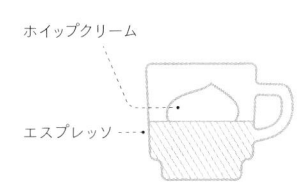

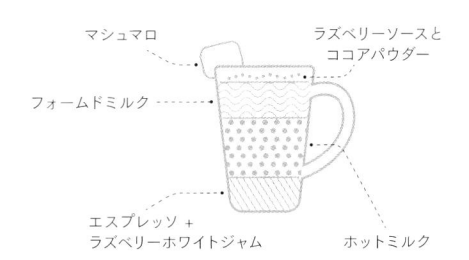

- マシュマロ
- ラズベリーソースとココアパウダー
- フォームドミルク
- エスプレッソ＋ラズベリーホワイトジャム
- ホットミルク

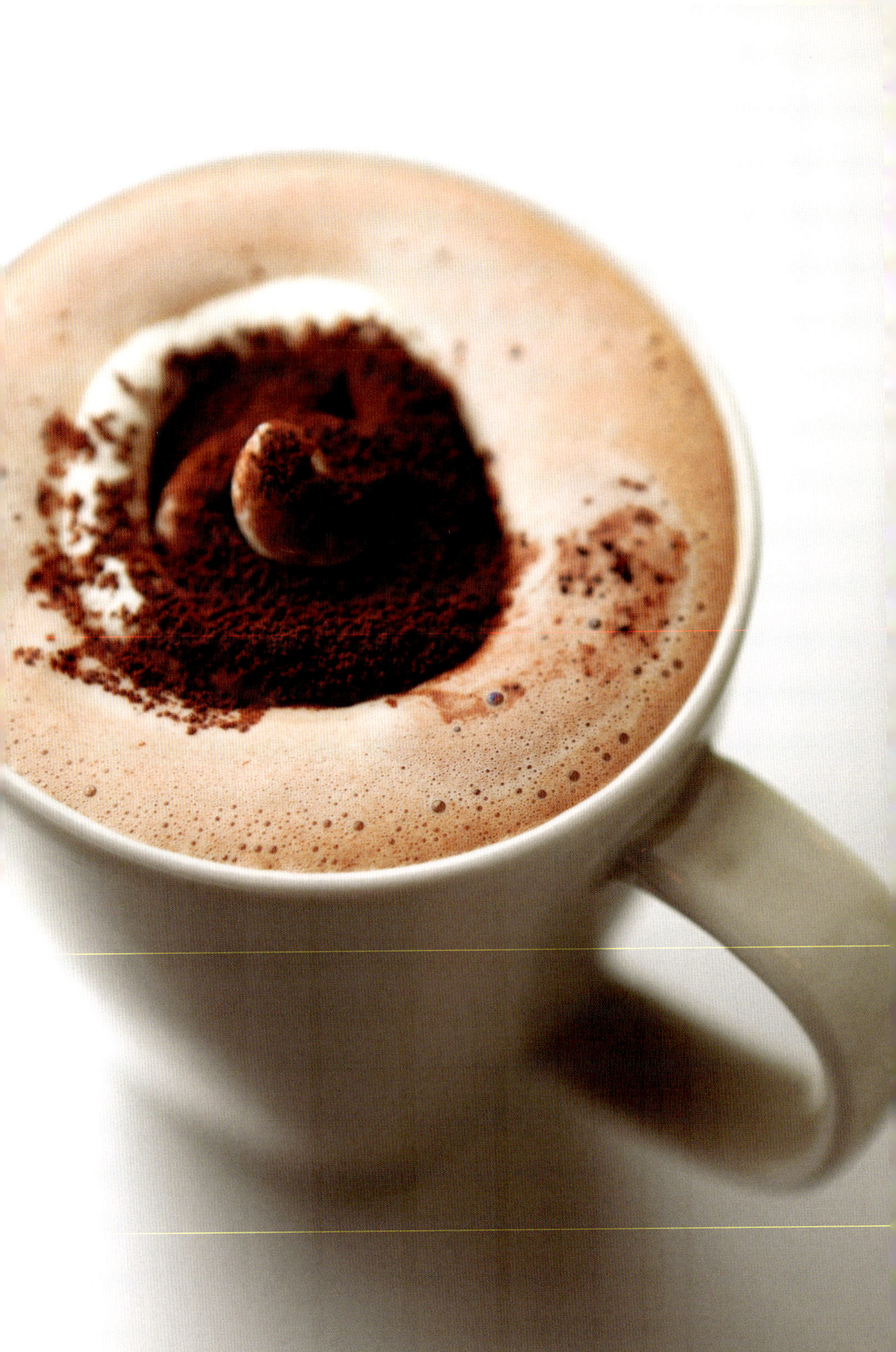

075

ティラミスラテ

KAORIS

ティラミスをドリンクに再構築。チーズのミルキーなこくと
コーヒーのほろ苦さがくり返し訪れる、飲み飽きない組み合わせ。

材料

モカベース☆　できあがりから40g
　チョコレートソース☆　できあがりから50g
　　グラニュー糖　200g
　　水　200㎖
　　チョコレート（カカオ分70%）　50g
　　ココアパウダー　50g
　ヘーゼルナッツ風味の
　　チョコレートペースト*1　20g
濃縮コーヒー*2　2g
濃縮紅茶（P.122）　75㎖
牛乳　100㎖
マスカルポーネクリーム（P.83）　40g
ココアパウダー　適量

*1　「ヌテラ」（フェレロ）。
*2　インスタントコーヒー（粉末）100gを熱湯140㎖で溶かしたもの。

1　モカベースをつくる。
　① まずチョコレートソースをつくる。グラニュー糖と水を火にかけて沸かし、チョコレートとココアパウダーを加えて溶かす。
　② ①のうち50gをヘーゼルナッツ風味のチョコレートペーストと混ぜ合わせる。
2　1、濃縮コーヒー、濃縮紅茶、牛乳をカップに入れ、混ぜ合わせる。
3　2を電子レンジで沸く寸前まで熱する。
4　マスカルポーネクリームを渦巻き状に絞る。
5　ココアパウダーをふる。

マスカルポーネクリーム
ココアパウダー
モカベース
＋
濃縮コーヒー
＋
濃縮紅茶
＋
牛乳

コーヒードリンクに使う、コーヒー豆の選び方

定番のコーヒードリンクも、コーヒー豆の種類を見直すだけで味わいはまったく変わる。

たとえば「カフェ ヴィヴモン ディモンシュ」では、各種のエスプレッソアレンジドリンクに「苦み」「酸味」の2つを提案している。「苦み」では、中深煎りのブレンドコーヒー豆を使い、「酸味」では、中煎り〜浅煎りのスペシャルティコーヒーを使う。コーヒーの深い苦み、こくを楽しみたいなら「中深煎り」、さらりと軽い飲み口で、コーヒーのフルーティな酸味とミルクが奏でる、お菓子のようなハーモニーを楽しみたければ「中煎り〜浅煎り」と、気分によってその日の味を選べるという趣向だ。

従来は、牛乳とコーヒーを合わせる場合、コーヒーは「酸味の少ない、焙煎度合いが深いものがベター」というのがセオリーとされてきた。もちろん、中深煎りのコーヒーとミルクは、誰もが好きな王道の組み合わせ。しかし、豆の生産地や加工法のバリエーションが広がり、コーヒーそのものの味が多様化している今、コーヒードリンクにも、いつもと違ったコーヒー豆を使ってみると楽しみが広がりそうだ。

濃く煮出すとおいしい紅茶、中国茶の選び方

　お茶でアレンジドリンクをつくるときは、別の液体で割ることが多い。そのぶんお茶の風味を感じにくくなるため、アレンジドリンク用にお茶を抽出する際は、まず「風味を濃く出す」のが鉄則といえる。しかし、単にいつものお茶を濃くするだけでは、渋みやえぐみが強くなり、飲みにくくなる可能性もある。「濃く抽出しても、おいしいお茶」を選ぶことが、アレンジドリンクづくりの重要な第一歩なのだ。

　紅茶のアレンジドリンクを数多くつくる「カオリズ」で、濃い抽出用に使う茶葉は、アッサムのCTCタイプ。渋みやえぐみが少なく、甘みが感じられる茶葉が向くとの考えからだ。

　一方、中国茶のアレンジドリンクを豊富に揃える「茶-Café omotesando」の、アレンジ用の茶葉を選ぶポイントは焙煎度。中国茶のなかには、緑茶、白茶など、焙煎や発酵の度合いが低いお茶もあるが、これらのお茶を濃く煮出した場合、香りが飛ぶ、苦みや渋みが強くなるといったデメリットのほうが大きくなりがち。逆に、ウーロン茶のなかでも焙煎度が高く、茶色みの強いお茶やプーアール茶は、濃く煮出すと香ばしさやこくが増し、好ましい味のバランスを保ったまま風味を強くできるケースが多いという。

　いずれにしても、アレンジ前に一度はお茶を味わってみることが大切だ。茶葉の個性をつかめば、アレンジティーの味づくりも一段レベルアップすることは間違いない。

BASIC RECIPE 7 濃縮紅茶

ミルクやクリームと合わせて味わうアレンジドリンク用の紅茶は、乳製品と合わせても存在感を保つ、濃く強い風味をもたせたいもの。時間をかけて煮出し、さらに蒸らすことで茶葉の風味を最大限に抽出できる。

濃縮紅茶
KAORIS

冷蔵庫で保存すると、タンニンとカフェインが反応して白濁する「クリームダウン現象」でこのように濁るが、温め直せば濁りがとれる。

材料　つくりやすい分量
紅茶の茶葉（アッサム CTC）　120g
水　1.2ℓ

1. ホウロウの鍋に水を入れ、強火にかけて沸かす。
   ＊鉄鍋で煮ると、鉄と紅茶に含まれるタンニンなどの成分が反応して水色が黒くなるため、避ける。
2. 茶葉を入れて中火にする。
3. 全体をかき混ぜて茶葉を湯に浸す。
4. 5分ほど中火のまま煮出す。
5. 丸まっていた茶葉が、水分を含んで膨らんできたら火を止める。
6. 蓋をして5分以上蒸らす。
7. ざるで漉す。
8. 茶葉をスプーンの背などで押して抽出液をしっかり絞りとる。
   ＊通常は雑味を避けるために絞らないことが多いが、アレンジドリンク用の濃縮紅茶は、できるだけ風味成分を絞りとる。
9. できあがりの水色は、コーヒーのように濃い茶色。粗熱をとり、密閉容器に入れて冷蔵庫で保存する。3日以内に使いきる。

\ もっとかんたん /

電子レンジでつくる濃縮紅茶

材料
紅茶の茶葉（アッサム CTC）　30g
水　300㎖

1. 紅茶の茶葉と水を耐熱容器に入れ、蓋をせずに電子レンジで加熱し、沸く寸前まで熱する。
2. 蓋をして10分ほど蒸らし、茶漉しで漉す。スプーンの背などで押さえて抽出液をしっかり絞る。

POINT
煮出してつくるアレンジドリンク用の濃縮紅茶には、アッサムなどこくと旨みのある産地の、CTCタイプの茶葉が向く。CTCとは「Crush（破壊し),Tear（ちぎり),Curl（丸めて整形する）」の略。フルリーフタイプの茶葉に比べて、短時間で風味成分を濃く抽出できる。

1	2	3
4	5 煮出し+蒸らし=約10分	6
7	8 抽出液は最後まで絞る	9 色は、まるでコーヒーのよう

076

077

076
カルカッタチャイ

077
ケラーラチャイ

KAORIS

伝統のチャイとは異なり、あらかじめ煮出した紅茶を使うモダン・チャイ。
長く煮込まないから、スパイスがクリアに香る。エバミルクでこくをプラス。

材料　2人分
濃縮紅茶（P.122）　150㎖
エバミルク　100g
シロップ　25g
牛乳　250㎖
ミックススパイスパウダー（下記）　適量

1　濃縮紅茶、エバミルク、シロップ、牛乳をムラなく混ぜ合わせる。
2　カップの中にミックススパイスパウダーを少量ふり、1を注ぐ。
3　2を電子レンジで沸く直前まで加熱し、よく混ぜ合わせる。表面にもミックススパイスパウダーを少量ふる。

カルカッタチャイの
ミックススパイス

カルダモン、ジンジャー、クローブをきかせ、爽快感のある北インド風のブレンド。

材料
シナモンパウダー　50g
カルダモンパウダー　40g
ジンジャーパウダー　40g
クローブパウダー　10g
ナツメグパウダー　10g

すべての材料を混ぜ合わせる。

ケラーラチャイの
ミックススパイス

ローストしたココナッツの香ばしさに、黒コショウと赤唐辛子で刺激を与える南インド風のブレンド。

材料
シナモンパウダー　70g
ココナッツファイン（ローストする）　70g
クローブパウダー　18g
黒コショウ（粗挽き）　11g
チリパウダー　11g

すべての材料を混ぜ合わせる。

078
インディアンミルクティー
CAFÉ VIVEMENT DIMANCHE

079
㊙煮出し牛乳紅茶
ADITO

080
豆乳チャイ
BROWN RICE CAFÉ

081
HOTチャイ
CAFE BUFFO

078

インディアン ミルクティー
CAFÉ VIVEMENT DIMANCHE

水から紅茶の茶葉を煮出し、牛乳を加えて温める。基本のミルクティーがわかれば、濃さや香りは調整次第。

材料
紅茶の茶葉　12g
水　150ml
牛乳　250g

1　紅茶の茶葉と水を中火にかけ、沸かす。
2　牛乳を加えて弱火で煮出し、沸く寸前に火からおろす。
3　2を茶漉しで漉してポットに注ぐ。茶葉の半量をポットに入れる。
4　好みの濃さになったところでカップに注ぐ。

079

㊙煮出し牛乳紅茶
ADITO

バニラとミルクの甘い香りの後に、唐辛子とコショウ、ショウガの辛みが一気に舌に押し寄せる。口にして驚く刺激派チャイ。

材料　2人分
A
| 紅茶の茶葉（アッサム）　8g
| カルダモン　4個
| クローブ　2個
| 八角　1個
| 赤唐辛子　1/2本
| 黒コショウ　適量
| ナツメグパウダー　適量
シェイクベース*　60ml
ショウガシロップ（P.61）　30ml
牛乳　300ml
ホイップクリーム　適量
シナモンパウダー　適量
湯　適量
氷　適量

＊バニラアイスクリーム大さじ8と牛乳480mlをよく混ぜ合わせたもの。

1　Aに、全体が浸る程度の量の湯をかけて2〜3分おく。
2　1を茶漉しで漉し、シェイクベース、ショウガシロップ、牛乳と混ぜ合わせる。
3　氷を入れたグラスに注ぐ。ホイップクリームをまわしかけ、シナモンパウダーをちらす。

080

豆乳チャイ
BROWN RICE CAFÉ

紅茶の茶葉とスパイスだけを
あらかじめ煮出したベースに、
豆乳を加えて完成。
やさしい味わいのヴィーガンチャイ。

材料
チャイベース☆　できあがりから100㎖
紅茶の茶葉（アッサム）　20g
水　800㎖
ミックススパイスパウダー＊　小さじ4
豆乳　100㎖

＊カルダモン、シナモン、クローブ、黒コショウ、ジンジャー、ナツメグを混ぜ合わせたもの。

1　チャイベースをつくる。
　① 紅茶の茶葉と水、ミックススパイスパウダーを中火にかける。
　② 沸いたら火を止め、蓋をして10分おく。
　③ 茶漉しで漉して冷蔵庫で冷やす。3日以内に使いきる。
2　1と豆乳を弱火にかけ、沸く直前まで加熱し、カップに注ぐ。

081

HOTチャイ
CAFE BUFFO

牛乳、紅茶、スパイスを一緒に鍋へ。
吹きこぼれる寸前まで
ぐらぐらと沸かして煮込む、
インド式の濃厚なチャイ。

材料
紅茶の茶葉（アッサム）　5g
ショウガのスライス　2〜3枚
カルダモン（つぶし、種を除く）　1個
クローブ　3個
牛乳　60㎖
水　160㎖

1　ショウガのスライス、カルダモン、クローブ、水を強火にかけて沸かす。
2　紅茶の茶葉を加え、中火にして1分ほど煮出す。
3　牛乳を加えて強火にし、煮立てる。泡が吹きこぼれる寸前に火からおろす。
4　3を茶漉しで漉してカップに注ぐ。

082

ロイヤルレモン ミルクティー
CHA CAFÉ OMOTESANDO

レモンティー＋ミルクティーの強力タッグ。
レモンは果汁ではなく皮を使えば、
分離しないできれいに仕上がる。

材料　6杯分
紅茶の茶葉（ディンブラ）　40g
水　400㎖
レモンの皮（すりおろす）　1〜2個分
グラニュー糖　50g
牛乳　1ℓ
氷　適量

1　水を沸かし、紅茶の茶葉とレモンの皮を加えて5分ほどおく。
2　1にグラニュー糖を加え、混ぜて溶かす。
3　牛乳を2回に分けて加え、その都度ムラなく混ぜ合わせる。
4　茶漉しで漉す。
5　氷を入れたグラスに、1杯につき200㎖注ぐ。

083

バンコクミルクティー
KAORIS

紅茶に練乳入りのココナッツミルクを
混ぜ合わせる、タイのカフェ風アレンジ。
真夏に飲みたくなるミルクティー。

材料
濃縮紅茶（P.122）　30㎖
ココベースB（P.83）　130㎖
ココクリーム（P.83）　20g
氷　約20g

1　グラスに氷を入れて、ココベース
　　Bを注ぐ。
2　濃縮紅茶を氷にあてるように注ぐ。
3　ココクリームをスプーンでのせる。

BASIC 8 RECIPE 煮出しほうじ茶

和風のアレンジドリンクをつくりたいときには、ほうじ茶を煮出してもいい。煮出しながらあくをとる、ペーパーで漉すなど、要所要所で雑味を除くと、本来の澄んだ印象を保ちつつ、しっかりと濃いお茶になる。

煮出しほうじ茶
CHA CAFÉ OMOTESANDO

POINT

ほうじ茶は、本来は香ばしさを楽しむ淡いタイプのお茶。しかしアレンジドリンクに使う場合は、牛乳と合わせてもお茶の風味が際立つように茶葉をたっぷり使って抽出する。茶葉自体も、味わいと香りに厚みがあるものを選ぶとよい。

材料　つくりやすい分量
ほうじ茶の茶葉　20g
水　500g

1　水を鍋に入れて強火にかけ、沸かす。
2　ほうじ茶の茶葉を加える。
3　表面にふつふつと小さな泡が出る程度の火加減に調整し、10分ほど煮出す。
＊長く煮出しすぎると雑味が出るので注意。
4　途中、あくが出たらこまめにすくいとる。
＊あくを除くと、お茶を濃く煮出しても風味がクリアになる。
5　時間が経つと茶葉が水分を吸って膨らみ、抽出液の色が濃くなってくる。
6　ポットの上に茶漉しをのせ、さらにキッチンペーパーを重ねる。
＊ごく細かい茶葉も漉しとるため、ペーパーも使う。
7　5のお茶を漉す。
＊茶葉を無理に押したり絞ったりすると雑味が出るので自然に落ちるのを待つ。
8　しずくが落ちなくなったら終了。蓋付きの容器に移し、冷蔵庫で保存する。

3 弱火で、やさしく煮出す

4 あくをとると風味がクリアに

8 無理に絞らず、自然に落とす

084
ほうじ茶ラテ
CHA CAFÉ OMOTESANDO

085
プーアールラテ
CHA CAFÉ OMOTESANDO

086
抹茶ラテ
CHA CAFÉ OMOTESANDO

088
緑茶豆乳ラテ
BROWN RICE CAFÉ

087
抹茶ラテ
HANTOCO CAFE

089
宇治抹茶ラテ アイス
CAFE MEDEWO

084
ほうじ茶ラテ
CHA CAFÉ OMOTESANDO

煮出したほうじ茶の深いこくが生きる
和風ラテ。軽く甘みを加えると
香ばしさが際立つ。

材料
煮出しほうじ茶（P.132）　60㎖
角砂糖　1個
牛乳　150㎖

1　煮出しほうじ茶を沸かし、牛乳を温めて加える。
2　1の表面に細かい泡が立ったら火を止める。
3　カップに注ぎ、角砂糖を添える。

085
プーアールラテ
CHA CAFÉ OMOTESANDO

発酵茶であるプーアール茶の
独特の香りと旨みをシロップに凝縮。
ラテに仕立てて飲みやすく。

材料
プーアールシロップ（P.150）　大さじ1
プーアールパウダー＊　適量
牛乳　190㎖
氷　適量

＊プーアール茶の茶葉をパウダー状に粉砕したもの。

1　グラスにプーアールシロップを入れ、氷を加える。
2　1に牛乳を注ぎ、混ぜ合わせる。
3　表面にプーアールパウダーをふる。

086 抹茶ラテ
CHA CAFÉ OMOTESANDO

宇治抹茶の深い香りを、
日持ちのするシロップに閉じ込めて。

材料
抹茶シロップ(P.151)　大さじ1
抹茶　適量
牛乳　170㎖

1　牛乳を火にかけて、表面が静かに泡立つ程度に沸かす。
2　抹茶シロップを加えて混ぜる。
3　カップに注ぎ、抹茶をふる。

087 抹茶ラテ
HANTOCO CAFE

抹茶とミルクの2層仕立て。
抹茶は茶筅で1杯ずつ点てる。

材料
抹茶　3g
湯　50㎖
牛乳　120㎖
氷　適量

1　抹茶を茶碗に入れて湯を加え、茶筅で混ぜる。
2　グラスに氷を入れ、牛乳を注ぐ。
3　1を2の上に静かに注ぐ。

088 緑茶豆乳ラテ
BROWN RICE CAFÉ

緑茶のパウダーでつくるラテ。
ミントの香りで清涼感を演出。

材料
緑茶パウダー*　5g
ミントエッセンス　1滴
ミントの葉　適量
豆乳　200㎖
湯　適量

*「春のめぐみ」(杉本園)。

1　緑茶パウダーに湯を加え、よく混ぜて溶かす。
2　鍋に1と豆乳、ミントエッセンスを入れ、ハンドブレンダーで表面全体に泡が立つまで20〜30秒撹拌する。
3　2を弱火にかけ、沸く直前まで加熱する。
4　カップに注ぎ、ミントの葉を飾る。

089 宇治抹茶ラテ アイス
CAFE MEDEWO

まろやかでこくのある和風ラテは、
黒みつと黒ゴマが隠し味。

材料
抹茶ベース(P.159)　40g
牛乳　120㎖
ホイップクリーム　適量
黒みつ　適量
黒ゴマ　適量
氷　80g

1　抹茶ベースと牛乳を混ぜ合わせる。
2　グラスに氷を入れ、1を注ぎ、ホイップクリームをスプーンでのせる。
3　黒みつをかけ、黒ゴマをちらす。

6

COFFEE OR TEA WITH GOODIES

お酒やフルーツと合わせる、
コーヒー＆お茶のアレンジドリンク

BASIC 9 RECIPE

ネルドリップのアイスコーヒー

一度に大量に抽出するネルドリップのアイスコーヒーは、深いこくと苦みが特徴。アイスコーヒーにも向き、さらにリキュールやクリームを合わせてドリンクをつくっても、力強いコーヒーの風味が残る。

アイスコーヒー
CAFÉ VIVEMENT DIMANCHE

材料　3ℓ分
コーヒー（深煎り/細挽き）　230g
湯（84℃）　適量

POINT

ネル（フランネル。片側が起毛した布）は紙に比べて抽出液が通る孔が大きい。そのためネルドリップしたコーヒーは、ペーパードリップよりも多くの風味成分を含み、力強い風味になりやすい。冷やして飲んでも苦みやこくが感じられ、リキュールやクリームと合わせたアレンジドリンクにも向く。

1　ネルフィルターの水気を絞り、布の目や縫い目をのばす。
＊ネルの目が縮んでいると抽出液の通りが悪くなるので、最初によくのばしておく。

2　1のフィルターを、起毛している面を外側にしてやぐらにセットする。その下に3ℓ用ポットを置く。

3　コーヒーをフィルターに入れ、やぐらごとゆすって粉をならす。表面を軽く押さえて平らにならす。

4　縁を1cmほど残してコーヒーに湯を注ぎ、全体を湿らせる。

5　湯がコーヒー全体にしみ込み、表面がマットな質感になるまで1分ほどおく。

6　5の中央から外側へ向かって「の」の字を描くように細く湯を注ぐ。このとき注ぐ範囲は、500円玉程度。
＊最初は中心だけに湯を注ぐ。湯を注ぐことでできる粉の膨らみを保つように、静かに、かつ間を長くあけずに注ぐ。

7　粉の膨らみがしぼんできたら、次の湯を注ぐ。

8　抽出液が、フィルターの先端から落ちていれば、湯がコーヒーの中を上から下まで通過している証拠。よい抽出ができている。
＊フィルターの上部から湯がしみ出している場合は、湯がコーヒーの層をうまく通っていないということ。抽出液が薄くなってしまうので、注ぐ湯の量を減らす。

9　6〜8の要領で1.5ℓほどを抽出後、徐々に湯を注ぐ範囲を広げる。注ぐ範囲は、コーヒーの縁から1cm内側まで。
＊縁に湯を注ぐと、湯がコーヒーの層を通らずにネル上部から落ちてしまい、抽出液が薄くなってしまう。

1	2	3
4 蒸らしのお湯はたっぷりと	5	6 最初は中心だけに注ぐ
7	8 つーっと細く落ちるのがよい抽出	9

BASIC RECIPE 9　ネルドリップのアイスコーヒー

コーヒーを泡立てて……

泡を除くとマイルドに

FLANNEL DRIP COFFEE

10 抽出液の量が3ℓに達したら、ポットをはずす。残りの抽出液は、別のポットや器で受ける。

11 コーヒーをボウルに移し、軽く混ぜて抽出液をムラのない状態にし、少量をすくって味見する。

12 苦みが濃いと感じるときは、コーヒーを泡立て器で撹拌する。

13 あく取り網などで、泡を除く。再び味見をし、まだ苦みが強ければ、12〜13を繰り返す。

＊コーヒーを泡立てて泡を除くことにより、苦みが弱まって、口あたりがマイルドになる。

14 粗熱をとり、蓋付きの容器に移して冷蔵庫で保存する。3日以内に飲みきる。

ネルフィルターの使い方

ネルフィルターを購入後に初めて使う場合は、右記のように煮沸などの下準備を行う。また、新品のネルフィルターは湯の通りがよく、あっさりとしたコーヒーになりやすい。一方、使いこんだフィルターはコーヒーの粉で目が詰まるため、湯がフィルター内にとどまる時間が長く、濃いコーヒーになりやすい。常に一定の味にするためには、フィルターの状態に合わせて粉の量や挽き方を変える必要がある。

A ネルフィルターを流水でもみ洗いしてのりを落とす。

B 鍋にAのフィルターとドリップに使ったコーヒーの出し殻適量を入れ、フィルターが完全に浸る程度に水を注ぐ。

＊新品のネルを煮沸する際にコーヒーの出し殻を加えると、「コーヒーとネルがなじみやすい」と言われている。

C Bを強火にかけ、10分ほど煮立てる。写真のようにフィルターが膨らんで湯からはみ出した場合は、上から押さえて全体が湯に浸るようにする。

D コーヒーを洗い落として流水でよくすすぎ、水気を絞る。

＊ドリップ終了後は、コーヒーを捨てて流水でもみ洗いし、よく絞り、水を張った密閉容器に入れて冷蔵庫で保存する。次のドリップの直前に、再び煮沸消毒する。

090
カフェ・グラッセ
CAFÉ VIVEMENT DIMANCHE

091
カルーアアインシュペナー
CAFÉ VIVEMENT DIMANCHE

092
ノルマンディ・コーヒー
ROOF

093
カフェ・ロマーノ
ROOF

090

カフェ・グラッセ
CAFÉ VIVEMENT DIMANCHE

ネルでじっくりドリップした深煎りのコーヒーを、コーラのようなガラスのボトルに。
コーヒー豆の形の氷に笑みがこぼれる。

材料
アイスコーヒー（P.140）　230㎖
コーヒービーンズアイス＊　適量
氷　適量
＊アイスコーヒーをコーヒー豆の形の型で凍らせたもの。

1　グラスにコーヒービーンズアイスと氷を入れる。
2　アイスコーヒーを注ぐ。

シンプルなアイスコーヒーもジュースのボトルに入れたり、氷をシリコン型でコーヒービーンズの形にかためてみるなど、プレゼンテーション次第で心に残るドリンクになる。

091 カルーア アインシュペナー
CAFÉ VIVEMENT DIMANCHE

コーヒーリキュールで香りを高めた、
冷たいウィンナコーヒー。

材料
アイスコーヒー（P.140）　130㎖
コーヒーリキュール*1　30㎖
ホイップクリーム　大さじ3
コーヒービーンズアイス*2　適量
氷　適量

*1 「カルーア コーヒーリキュール」。
*2 アイスコーヒーをコーヒー豆の形の型で凍らせたもの。

1. グラスに氷とコーヒービーンズアイスを入れる。コーヒーリキュールを入れ、アイスコーヒーを注ぐ。
2. ホイップクリームをスプーンでのせる。

092 ノルマンディ・コーヒー
ROOF

砂糖とクリーム入りの甘いコーヒーに、
リンゴの蒸留酒を添えて。

材料
コーヒー（粗挽き）*　20g
湯（90℃に調整）　適量
角砂糖　1個
カルバドス　10㎖
ホイップクリーム　大さじ3
アラザン　適量

*イタリアンローストのオールドビーンズ。

1. コーヒーをペーパーフィルターに入れ、湯を注いで120㎖抽出する。
2. 1に角砂糖を加えて溶かし、グラスに注ぐ。ホイップクリームを浮かべ、アラザンをのせる。
3. カルバドスを添え、好みで加えて飲む。

093 カフェ・ロマーノ
ROOF

意外に好相性なコーヒーとレモン。
夏にぴったりのアレンジは、
ローマのバールの定番メニュー。

材料
コーヒー（粗挽き）*　20g
湯（90℃に調整）　適量
シロップ　13g
レモン（12等分のくし形）　1切れ
氷　適量

*イタリアンローストのオールドビーンズ。

1. コーヒーをペーパーフィルターに入れ、湯を注いで120㎖抽出する。外側から氷水で冷やす。
2. グラスに氷を入れ、1とシロップを注ぐ。
3. レモンを2の上で軽く搾って混ぜ、そのまま沈める。

094

095

096

097

094 アップルミント ビネガーティー
HANTOCO CAFE

リンゴとミント風味のお酢を加え、
酸味をきかせた爽やかな紅茶。

材料

紅茶
| 紅茶の茶葉　5g
| 湯　130㎖

アップルミント酢（P.27）　30㎖

リンゴの酢漬け*　適量

＊アップルミント酢をつくる際に穀物酢に漬けたもの。

1　紅茶の茶葉に湯を注ぎ、蓋をして3分ほどおく。
2　カップにアップルミント酢とリンゴの酢漬けを入れ、1を漉して注ぐ。

095 マンダリンティー
BROWN RICE CAFÉ

紅茶の渋みと、ミカンのやさしい甘みが
混じり合う上品なアレンジ。

材料

アイスティー*　100㎖

ミカンジュース　100㎖

ミントの葉　適量

氷　約150g

＊「有機アールグレーティー」（玉屋珈琲店）のリキッドタイプ。

1　ミカンジュースをグラスに注ぎ、氷を加える。
2　アイスティーを静かに注いで2層にし、ミントの葉を飾る。

096 ロシアン紅茶
CAFE BUFFO

ロシア流のジャム紅茶に
ウォッカもたっぷり。体が芯から温まる。

材料

紅茶　できあがりから120㎖
| 紅茶の茶葉（スリランカ）　3g
| 湯　140㎖

ブルーベリージャム　小さじ2

ハチミツ　小さじ1

ウォッカ　20㎖

1　紅茶の茶葉に湯を注ぎ、蓋をして2分ほどおき、茶漉しで漉す。
2　1、ブルーベリージャム、ハチミツを強火にかけて沸く直前に火からおろす。
3　カップにウォッカを入れ、2を粗目の茶漉しで漉して注ぎ、軽く混ぜる。

097 ジンジャーアイスティー
BROWN RICE CAFÉ

スパイシーなショウガシロップで、
パンチをきかせたアイスティー。

材料

アイスティー*　130㎖

ジンジャーシロップ（P.61）　30㎖

レモンのスライス　1枚

ミントの葉　適量

氷　約150g

＊「有機アールグレーティー」（玉屋珈琲店）のリキッドタイプ。

1　グラスにジンジャーシロップを入れる。
2　氷を加えてアイスティーを注ぐ。
3　レモンのスライスをのせ、ミントの葉を飾る。

BASIC 10 RECIPE

中国茶＆抹茶のシロップ

ストレートで味わうことが多い中国茶も、あらかじめシロップを
つくっておけば気軽にラテやソーダなどのアレンジドリンクを楽しめる。
めざす質感や茶葉との相性を考えて甘味料を使い分けると、完成度が高まる。

プーアールシロップ
CHA CAFÉ OMOTESANDO

材料　つくりやすい分量
プーアールパウダー*　55g

トレハロース水

　　　できあがりから200㎖
　　トレハロース　150g
　　湯　150㎖

*プーアール茶の茶葉をパウダー状に粉砕したもの。

1. 湯にトレハロースを加えて溶かす。
2. プーアールパウダーに1を3〜4回に分けて加え、その都度茶筅でムラなく混ぜ合わせる。
3. 茶筅で混ぜると粉末と液体が混ざりやすい。
4. プーアールパウダーが水分を吸ってとろりとしたペースト状になるまで混ぜる。
5. 茶漉しで漉す。
6. 押さえつけたり絞ったりせず、自然に落とす。密閉容器に入れて冷蔵庫で保存する。3日以内に使いきる。

*口あたりをなめらかにするため、押さえつけず、自然に落ちるぶんだけを使う。

2 数回に分けて水分を加える

4 質感は、とろりと濃厚

6 漉して、食感をなめらかに

ウーロン茶シロップ
CHA CAFÉ OMOTESANDO

材料　つくりやすい分量
ウーロン茶の茶葉　50g
果糖　300g
ライム（くし形に切る）　1/2個
湯　1.4ℓ

1. 湯に果糖を加えて溶かす。
2. 1にウーロン茶の茶葉を入れて中火にかけ、沸かす。そのまま10分ほど煮立たせる。
3. ライムを入れた容器に2を茶漉しで漉して注ぎ、20分ほどおく。
4. ライムを除き、冷蔵庫で保存する。1週間以内に使いきる。

抹茶シロップ
CHA CAFÉ OMOTESANDO

材料　つくりやすい分量
抹茶　15g
シロップ　100㎖

1. 抹茶にシロップを加え、ダマができないように茶筅で混ぜる。
2. 茶漉しで漉し、冷蔵庫で保存する。1ヵ月以内に使いきる。

POINT
アレンジドリンク用のお茶のベースは、風味をしっかり出すことが重要。緑茶以外のお茶も、抹茶のようにパウダーにしておくと、効率的に茶葉の風味を抽出することができる。また、糖分を加えてシロップにすると風味がとびにくく、保存性が高まる。

\ もっとかんたん /

茶葉でつくる
プーアールシロップのレシピ

パウダーではなく、茶葉のまま
プーアール茶のシロップを
つくることもできる。
その場合のポイントは、
茶葉の量を増やし、
何時間もかけて
じっくり味を抽出すること。

材料
プーアール茶の茶葉　100g
砂糖　好みの量
湯　1ℓ

1. 湯にプーアール茶の茶葉を入れ、熱いうちに砂糖を混ぜ合わせ、そのまま8時間以上おく。
2. 1をキッチンペーパーを重ねた茶漉しで漉す。

098
烏龍ティースカッシュ
CHA CAFÉ OMOTESANDO

101
グリーンティーブルドッグ
CHA CAFÉ OMOTESANDO

100
イタリアンミルクティー
CHA CAFÉ OMOTESANDO

099
ピーチジャスミン
CHA CAFÉ OMOTESANDO

098
烏龍ティースカッシュ
CHA CAFÉ OMOTESANDO

ウーロン茶特有の透明感のある甘み、
清涼な余韻をシロップに凝縮。
炭酸がはじけるごとに、
そのアロマが口の中に広がる。

材料
ウーロン茶シロップ（P.151）　70㎖
レモンのスライス　1枚
炭酸水　170㎖
氷　適量

1　グラスにウーロン茶シロップを入れる。
2　1に氷を入れ、炭酸水を注ぐ。
3　レモンのスライスをのせる。

099
ピーチジャスミン
CHA CAFÉ OMOTESANDO

ジャスミン×桃。
中国らしい素材の組み合わせで
花と果実の華やかな香りが広がる、
フェミニンなカクテル。

材料
ジャスミン茶
　ジャスミン茶の茶葉　3g
　湯　150㎖
ピーチリキュール　45㎖
氷　適量

1　ジャスミン茶の茶葉に湯を注ぎ、蓋をして10分ほどおく。
2　グラスにピーチリキュールを入れ、1を漉して注ぎ、混ぜ合わせて氷を加える。

100

イタリアン
ミルクティー

CHA CAFÉ OMOTESANDO

杏仁豆腐のような香りのリキュールと、
プーアールラテが相性ぴったり。
食後のデザート代わりにも。

材料
プーアールシロップ（P.150）　大さじ1
アマレット　30㎖
牛乳　115㎖
氷　適量

1　グラスにプーアールシロップとアマレットを入れて混ぜる。
2　牛乳を静かに注ぎ、氷を加える。

101

グリーンティー
ブルドッグ

CHA CAFÉ OMOTESANDO

グレープフルーツとウォッカの
硬質なフレーバーに、抹茶で
アクセントをつけた和風ソルティドッグ。

材料
抹茶シロップ（P.151）　大さじ1
ウォッカ　45㎖
グレープフルーツジュース　140㎖
氷　適量

1　グラスにウォッカを入れる。
2　グレープフルーツジュース、抹茶シロップを順に加え、その都度混ぜ合わせる。
3　氷を加える。

102
梅こぶ茶
ADITO

梅干しと昆布の滋味は、
日本人の心のふるさと。
差し湯をしながらのんびり楽しめば、
おもてなしにも。

材料
昆布茶　小さじ1/2強
梅干し　1個
昆布（約3cm角）　1枚
塩昆布　1つまみ
湯　250ml

1　カップに昆布茶と梅干し、昆布を入れて湯を注ぐ。
2　塩昆布を添え、つまみながら飲む。

おいしい1杯のドリンクには、
飲む人の気持ちまで変えてしまう力があります。

朝の1杯でパワーを充電したり、
爽快な口当たりで心機一転できたり、
華やかなグラスの演出に盛り上がったり、
一口ごとに暖まり、心がほっとゆるんだり……。

人気のカフェで教えてもらった102のドリンク。
1日のさまざまなシーンで使えるレシピが揃いました。

きょうは、どのドリンクをつくりましょうか。

補足レシピ

ショウガハチミツ
ADITO

材料　つくりやすい分量
ショウガ　適量
アカシアのハチミツ（非加熱）　適量

1　ショウガは皮ごとスライスする。
2　1を鍋に入れ、全体が浸る程度にアカシアのハチミツを加える。蓋をし、弱火で30分ほど加熱する。
3　煮沸消毒したガラスの瓶に移し、常温で保存する。

柑橘系果実酢
ADITO

材料　つくりやすい分量
ネーブルオレンジ ⎫
レモン　　　　　 ｜ 合計1.5kg
ハッサク　　　　 ｜
イヨカン　　　　 ⎭
氷砂糖　1.1kg
アカシアのハチミツ（非加熱）　400g
玄米黒酢　適量

1　柑橘類はいずれも半分に切り、種を除き、皮に爪楊枝などでまんべんなく穴をあける。
2　1と氷砂糖、アカシアのハチミツを煮沸消毒したガラスの瓶に入れ、全体が浸る程度に玄米黒酢を注ぐ。
3　2の瓶を常温におき、1日1回上下にふってなじませる。これを2週間繰り返す。
4　ざるで果実を漉して別の容器に移し、常温で保存する。

トマトゼリー
CAFE BUFFO

材料　つくりやすい分量
トマト（完熟）　200g
トマトジュース　100㎖
A
　ハチミツ　大さじ1/2
　ラズベリーリキュール　大さじ1/2
　レモンジュース　適量
粉寒天　1g
水　50㎖

1　トマトとトマトジュースをミキサーで撹拌してピュレ状にする。
2　水と粉寒天を合わせて沸かし、1を加えて再び沸かし、火からおろす。
3　Aの材料を加え混ぜる。器に注ぎ、粗熱をとり、冷蔵庫で冷やしかためる。

チャイのプリン
CAFE BUFFO

材料　直径6cmのプリン型6個分
紅茶の茶葉（アッサム）　10g
生クリーム　50g
牛乳　200㎖
A
　カルダモン（つぶして種を除く）　2個
　クローブ　6個
　ショウガのスライス　6枚
　シナモン（ホール）　5～6本
　粉寒天　1g
　グラニュー糖　70g
　水　250㎖

1　Aの材料を強火にかけて沸かす。紅茶の茶葉を入れ、中火で1分煮出す。
2　生クリームと牛乳を加えて強火で沸かす。吹きこぼれる寸前に火からおろす。
3　目の細かい茶漉しで漉し、1/6ずつプリン型に注ぐ。粗熱をとり、ラップフィルムで覆って冷蔵庫で冷やしかためる。

ラズベリーソース
BROOKLYN PARLOR

材料　つくりやすい分量
ラズベリー（冷凍）　400g
グラニュー糖　150g

1. ラズベリーとグラニュー糖を合わせて湯煎にかけ、よく混ぜる。
2. ラズベリーが解凍されたら、漉して液体のみを保存容器に移す。
3. 粗熱をとり、冷蔵庫で保存する。3日以内に使いきる。

ラズベリーホワイトジャム
BROOKLYN PARLOR

材料　つくりやすい分量
ラズベリーソース（上記）　300g
ホワイトチョコレート　400g

1. ラズベリーソースとホワイトチョコレートを合わせて湯煎にかけ、チョコレートを溶かしてムラなく混ぜる。
2. 粗熱をとり、冷蔵庫で保存する。3日以内に使いきる。

抹茶ベース
CAFE MEDEWO

材料　つくりやすい分量
抹茶　30g
黒ゴマペースト　20g
黒みつ　60g
コンデンスミルク　60g
シロップ　30㎖
湯　60㎖

1. 湯以外の材料を合わせ、泡立て器で混ぜる。
2. 湯を加えて混ぜ、裏漉しする。
3. 粗熱をとり、冷蔵庫で保存する。3日以内に使いきる。

各店のホイップクリーム

- Ⓒ 使用する生クリーム
- Ⓢ 使用する甘味料
- Ⓞ その他の材料
- Ⓦ 泡立て方

ADITO
- Ⓒ 生クリーム（乳脂肪分40%）
- Ⓦ 7分立て

CAFE MEDEWO
- Ⓒ 生クリーム（乳脂肪分35%）　750g
  生クリーム（乳脂肪分47%）　250g
- Ⓢ グラニュー糖　80g
- Ⓦ 8分立て

SARASA
- Ⓒ 生クリーム（乳脂肪分47%）
- Ⓢ 三温糖　生クリームの10%量
- Ⓞ ラム　少量
- Ⓦ 6分立て

CAFÉ VIVEMENT DIMANCHE
- Ⓒ 生クリーム（乳脂肪分42%）
- Ⓢ グラニュー糖　生クリームの10%量
- Ⓦ 7分立て

CAFE BUFFO
- Ⓒ 生クリーム（乳脂肪分48%）　200g
- Ⓢ グラニュー糖　大さじ1
- Ⓞ キルシュ　大さじ1
  アマレット　小さじ1/2
- Ⓦ ちょっと角が立つくらい

KAORIS
- Ⓒ 生クリーム（乳脂肪分38%）　200g
- Ⓢ グラニュー糖　23g
- Ⓞ キルシュ　2g
- Ⓦ 8分立て

ROOF
- Ⓒ 生クリーム（乳脂肪分42%）　250g
- Ⓢ きび砂糖　小さじ2
- Ⓦ 8分立て

INDEX 索引

＊ページ数が2つ記されているものは、左が写真、右がレシピです。

[あ行]

赤唐辛子（チリパウダー）
　ジンジャーシロップ　60
　ジンジャーシロップ（辛口・甘口）　61
　ショウガシロップ　61
　ハーバルバンコクブリーズティー　76・77
　㊙辛ホットチョコ　100・102
　ケララチャイ　124・125
　㊙煮出し牛乳紅茶　127・128

アサイ
　健美アサイヨーグルト　97・99

アセロラ
　健美アサイヨーグルト　97・99

アボカド
　アボカドジュース　36

甘酒（玄米甘酒）
　デトックスジュース　40・42
　ホットショコラ　100・102
　甘酒牛乳　107

アマレット
　イタリアンミルクティー　153・155

イチゴ
　ベリーとローズゼラニウムのソーダ　12・14
　ハニーベリージュレップ　23
　ショートケーキラテ　84
　逆アポロ　106・108

イヨカン
　柑橘系果実酢　158

ウーロン茶
　ウーロン茶シロップ　151
　烏龍ティースカッシュ　152・154

ウォッカ
　ロシアン紅茶　148・149
　グリーンティーブルドッグ　153・155

梅
　梅ぼしはちみつ　97・99

梅干し
　梅ぼしはちみつ　97・99
　梅こぶ茶　156

エバミルク
　ココベースB　83
　カルカッタチャイ　124・125
　ケララチャイ　124・125

黄桃　→桃

オールスパイス
　ジンジャーシロップ　60

オレンジ
　オレンジトマト酢　27
　オレンジとまと・テキーラサンライ酢　28・30
　オレンジとトマトのビネガーラテ　32・33
　フルーツミックスジュース　44・46
　つぶつぶみかんDX　52・54
　ホットアップルサイダー　62・64
　フルーツティーレモネード（ホット）　71・73
　フルーツティーレモネード（コールド）　71・73
　柑橘系果実酢　158

[か行]

カイエンペッパー
　ホットショコラ　100・102

カカオマス
　ホットショコラ　100・102

カシス
　カシス＆ライムのトニックソーダ　20

カファライムリーフ
　ハーバルバンコクブリーズティー　76・77

カルダモン
　バナナカルダモン酢　26
　バナナとカルダモンのビネガーラテ　32
　ジンジャーシロップ　60
　ジンジャーシロップ（辛口・甘口）　61
　㊙辛ホットチョコ　100・102
　カルカッタチャイ　124・125
　㊙煮出し牛乳紅茶　127・128
　豆乳チャイ　127・129
　HOTチャイ　127・129
　チャイのプリン　158

カルバドス
　ノルマンディ・コーヒー　145・147

160

キウイ
　洋梨キウイ酢　26
　洋梨とキウイのビネガーサイダー　28・30
　キウイジュース　49・50

きなこ
　黒ごまきな粉ミルク　106・108

きび砂糖
　ベリーとローズゼラニウムのソーダ　12・14
　葡萄とミントのソーダ　13・15
　シトロン・プレッセ　16・18
　枇杷のコンポートのソーダ　17・19
　ジンジャーシロップ　60
　リンゴのホットジンジャー　63・65
　特製ピーチネクター　92・94
　栗のミルクセーキ　92・94
　デコポンのミルクセーキ　93・95
　ラム酒の入ったチョコレートバナナジュース　101・103

キルシュ
　特製ピーチネクター　92・94

グァバ
　グルーヴィ グァバ　96・98

クランベリー
　麗しのバラソーダ　24
　マリオン　25

栗
　栗のミルクセーキ　92・94

グレープフルーツ
　ローズヒップソーダ　68・69
　リフレッシュミントソーダ　68・69
　グリーンティーブルドック　153・155

グレナデンシロップ
　フルーツミックスジュース　44・46
　特製ピーチネクター　92・94

クローブ
　ジンジャーシロップ　60
　ジンジャーシロップ（辛口・甘口）　61
　ショウガシロップ　61
　ホットアップルサイダー　62・64
　カルカッタチャイ　124・125
　ケーララチャイ　124・125
　㊙煮出し牛乳紅茶　127・128
　豆乳チャイ　127・129
　HOTチャイ　127・129
　チャイのプリン　158

黒コショウ
　ジンジャーシロップ（辛口・甘口）　61
　㊙辛ホットチョコ　100・102
　ケーララチャイ　124・125
　㊙煮出し牛乳紅茶　127・128
　豆乳チャイ　127・129

黒ゴマ
　黒ごまきな粉ミルク　106・108
　宇治抹茶ラテ アイス　135・137
　抹茶ベース　159

黒みつ
　黒ごまきな粉ミルク　106・108
　宇治抹茶ラテ アイス　135・137
　抹茶ベース　159

玄米甘酒　→甘酒

コアントロー
　ココア　101・103

紅茶
　ティーソーダ　21
　ぶどうとバジルのシェルパティー　70・72
　パイナップルとローズマリーのアイスティー　70・72
　ハーブティーシェイク ミント　74・75
　ハーバルバンコクブリーズティー　76・77
　ショートケーキラテ　84
　ブルーベリーチーズケーキラテ　85
　チャイのぷるんとミルク　87
　ティラミスラテ　118・119
　濃縮紅茶　122
　カルカッタチャイ　124・125
　ケーララチャイ　124・125
　インディアンミルクティー　126・128
　㊙煮出し牛乳紅茶　127・128
　豆乳チャイ　127・129
　HOTチャイ　127・129
　ロイヤルレモンミルクティー　130
　バンコクミルクティー　131
　アップルミントビネガーティー　148・149
　マンダリンティー　148・149
　ロシアン紅茶　148・149
　ジンジャーアイスティー　148・149
　チャイのプリン　158

コーヒー
　エスプレッソ　112
　カプチーノ　114・116
　カフェクレーム　114・116

アインシュペナー　115・117
ラズベリーホワイトモカ　115・117
ティラミスラテ　118・119
ネルドリップのアイスコーヒー　140
カフェ・グラッセ　144・146
カルーアアインシュペナー　145・147
ノルマンディ・コーヒー　145・147
カフェ・ロマーノ　145・147

コーラ
　下町のHOTコーラ　63・65

黒糖
　ショウガシロップ　61

ココアパウダー
　㊙辛ホットチョコ　100・102
　ココア　101・103
　ラム酒の入ったチョコレートバナナジュース
　　101・103
　ラズベリーホワイトモカ　115・117
　ティラミスラテ　118・119

ココナッツ
　グルーヴィ グァバ　96・98
　ケラーラチャイ　124・125

ココナッツミルク
　ココクリーム　83
　ココベースA・B　83
　バナナタピオカミルク　86
　グルーヴィ グァバ　96・98
　バンコクミルクティー　131

コマツナ
　グリーンスムージー　37・38

米飴
　ホットショコラ　100・102

コンデンスミルク
　アボカドジュース　36
　ショートケーキラテ　84
　抹茶ベース　159

[さ行]

三温糖
　フルーツMixミルク　45・47
　つぶつぶみかんDX　52・54
　ショウガシロップ　61
　逆アポロ　106・108

シナモン
　枇杷のコンポートのソーダ　17・19

ジンジャーシロップ（辛口・甘口）　61
ショウガシロップ　61
ホットアップルサイダー　62・64
チャイのぷるんとミルク　87
カルカッタチャイ　124・125
ケラーラチャイ　124・125
豆乳チャイ　127・129
チャイのプリン　158

ジャスミン茶
　ピーチジャスミン　153・154

シャンパン
　ぶどうとバジルのシェルパティー　70・72

ショウガ（ジンジャー）
　ヴァージン モヒート　17・18
　ジンジャーシロップ　60
　ジンジャーシロップ（辛口・甘口）　61
　ショウガシロップ　61
　ホットアップルサイダー　62・64
　生姜はちみつドリンク　63・65
　下町のHOTコーラ　63・65
　リンゴのホットジンジャー　63・65
　カルカッタチャイ　124・125
　豆乳チャイ　127・129
　HOTチャイ　127・129
　ショウガハチミツ　158
　チャイのプリン　158

ショウガ（ジンジャー）シロップ
　人参デコポンヨーグルトスムージー　41・43
　ジンジャーシロップ　60
　ジンジャーシロップ（辛口・甘口）　61
　ショウガシロップ　61
　ジンジャーエール　62・64
　ホットジンジャー　63・65
　㊙煮出し牛乳紅茶　127・128
　ジンジャーアイスティー　148・149

酢
　フルーツビネガー　26
　洋梨とキウイのビネガーサイダー　28・30
　オレンジとまと・テキーラサンライ酢　28・30
　ミックスベリーのビネガーサイダー　29・31
　バナナとカルダモンのビネガーラテ　32・33
　オレンジとトマトのビネガーラテ　32・33
　玄米黒酢ドリンク　32・33
　アップルミントビネガーティー　148・149
　柑橘系果実酢　158

スイカ
　スイカジュース　49・51
セロリ
　デトックスジュース　40・42
　ヴァージン メアリー　56・57

[た行]
タピオカ
　バナナタピオカミルク　86
チーズ
　●クリームチーズ
　　チーズクリーム　82
　　ブルーベリーチーズケーキラテ　85
　　マスカルポーネクリーム　83
　●マスカルポーネチーズ
　　マスカルポーネクリーム　83
　　ティラミスラテ　118・119
チョコレート
　㊙辛ホットチョコ　100・102
　ココア　101・103
　ショコラ ショー ア ラ マント　104・105
　逆アポロ　106・108
　ティラミスラテ　118・119
チリパウダー　→赤唐辛子
テキーラ
　オレンジとまと・テキーラサンライ酢　28・30
デコポン
　人参デコポンヨーグルトスムージー　41・43
　デコポンのミルクセーキ　93・95
豆乳
　バナナとカルダモンのビネガーラテ　32・33
　ホットショコラ　100・102
　豆乳チャイ　127・129
　緑茶豆乳ラテ　135・137
トマト（プチトマト、フルーツトマト）
　オレンジトマト酢　27
　オレンジとまと・テキーラサンライ酢　28・30
　オレンジとトマトのビネガーラテ　32・33
　ヴァージン メアリー　56・57
　完熟トマトの寒天じゅーす　56・57
　アメーラトマトのトロピカルドリンク　56・57
　トマトゼリー　158
ドラゴンフルーツ
　ドラゴンフルーツジュース　49・51

[な行]
ナツメグ
　ホットアップルサイダー　62・64
　㊙辛ホットチョコ　100・102
　カルカッタチャイ　124・125
　㊙煮出し牛乳紅茶　127・128
　豆乳チャイ　127・129
ニンジン（フルーツニンジン）
　人参デコポンヨーグルトスムージー　41・43

[は行]
バイオレットシロップ
　マリオン　25
パイナップル
　フルーツミックスジュース　44・46
　ミックスヂュース　45・47
　パイナップルヨーグルトジュース　53・54
　アメーラトマトのトロピカルドリンク　56・57
　パイナップルとローズマリーのアイスティー　70・72
白桃　→桃
バジル
　ぶどうとバジルのシェルパティー　70・72
ハチミツ
　ハニーベリージュレップ　23
　人参デコポンヨーグルトスムージー　41・43
　ブルーベリーラッシー　53・55
　ジンジャーシロップ（辛口・甘口）　61
　生姜はちみつドリンク　63・65
　ハーブティーシェイク ミント　74・75
　梅ぼしはちみつ　97・99
　健美アサイヨーグルト　97・99
　ココア　101・103
　ロシアン紅茶　148・149
　ショウガハチミツ　158
　柑橘系果実酢　158
　トマトゼリー　158
八角
　ホットアップルサイダー　62・64
　㊙辛ホットチョコ　100・102
　㊙煮出し牛乳紅茶　127・128
バナナ
　バナナカルダモン酢　26
　バナナとカルダモンのビネガーラテ　32
　グリーンスムージー　37・38

フルーツミックスジュース　44・46
ミックスヂュース　45・47
フルーツMixミルク　45・47
バナナタピオカミルク　86
健美アサイヨーグルト　97・99
ラム酒の入ったチョコレートバナナジュース
　　101・103

バニラアイスクリーム
　栗のミルクセーキ　92・94
　デコポンのミルクセーキ　93・95
　梅ぼしはちみつ　97・99
　健美アサイヨーグルト　97・99
　㊙煮出し牛乳紅茶　127・128

バニラエッセンス
　ホットショコラ　100・102

バニラシュガー
　㊙辛ホットチョコ　100・102

ピーチリキュール
　桃のデザートドリンク　88・90
　ピーチジャスミン　153・154

ビワ
　枇杷のコンポートのソーダ　17・19

プーアール茶
　プーアールラテ　134・136
　プーアールシロップ　150
　イタリアンミルクティー　153・155

プチトマト　→トマト

ブドウ
　葡萄とミントのソーダ　13・15
　ぶどうとバジルのシェルパティー　70・72

ブルーキュラソー
　マリオン　25

フルーツトマト　→トマト

ブルーベリー
　ブルーベリーラッシー　53・55
　ブルーベリーチーズケーキラテ　85
　ブルーベリーヨーグルトドリンク　89・91
　ロシアン紅茶　148・149

ほうじ茶
　煮出しほうじ茶　132
　ほうじ茶ラテ　134・136

ホワイトチョコレート
　ラズベリーホワイトモカ　115・117
　ラズベリーホワイトジャム　159

[ま行]

抹茶
　抹茶ラテ　135・137
　宇治抹茶ラテ アイス　135・137
　抹茶シロップ　151
　グリーンティーブルドッグ　153・155
　抹茶ベース　159

マンゴー
　アメーラトマトのトロピカルドリンク　56・57
　健美アサイヨーグルト　97・99

ミカン
　ミックスヂュース　45・47
　フルーツMixミルク　45・47
　つぶつぶみかんDX　52・54
　マンダリンティー　148・149

ミント
　葡萄とミントのソーダ　13・15
　ヴァージン モヒート　17・18
　ライムミントジュレップ　22
　アップルミント酢　27
　デトックスジュース　40・42
　レモンミントハーブティー　66
　ミントシロップ　67
　リフレッシュミントソーダ　68・69
　ハーブティーシェイク ミント　74・75
　ショコラ ショー ア ラ マント　104・105
　緑茶豆乳ラテ　135・137
　アップルミントビネガーティー　148・149

ミントリキュール
　ショコラ ショー ア ラ マント　104・105

メロン
　メロンジュース　48・50

桃
　●黄桃
　　ミックスヂュース　45・47
　　桃のデザートドリンク　88・90
　●白桃
　　フルーツミックスジュース　44・46
　　フルーツMixミルク　45・47
　　桃のデザートドリンク　88・90
　　特製ピーチネクター　92・94

164

[や行]

洋梨
　洋梨キウイ酢　26
　洋梨とキウイのビネガーサイダー　28・30

ヨーグルト
　グリーンスムージー　37・38
　人参デコポンヨーグルトスムージー　41・43
　パイナップルヨーグルトジュース　53・54
　ブルーベリーラッシー　53・55
　ブルーベリーヨーグルトドリンク　89・91
　梅ぼしはちみつ　97・99
　健美アサイヨーグルト　97・99

[ら行]

ライム
　ヴァージン モヒート　17・18
　カシス＆ライムのトニックソーダ　20
　ライムミントジュレップ　22
　ローズヒップソーダ　68・69
　ウーロン茶シロップ　151

ライムシロップ
　ローズヒップソーダ　68・69
　リフレッシュミントソーダ　68・69

ラズベリー
　ベリーとローズゼラニウムのソーダ　12・14
　ティーソーダ　21
　ラズベリーホワイトモカ　115・117
　ラズベリーソース　159
　ラズベリーホワイトジャム　159

ラム
　リンゴのホットジンジャー　63・65
　ラム酒の入ったチョコレートバナナジュース　101・103

緑茶
　緑茶豆乳ラテ　135・137

リンゴ
　アップルミント酢　27
　グリーンスムージー　37・38
　デトックスジュース　40・42
　フルーツミックスジュース　44・46
　ホットアップルサイダー　62・64
　リンゴのホットジンジャー　63・65
　ロゼソーダ　68・69
　フルーツティーレモネード（ホット）　71・73
　フルーツティーレモネード（コールド）　71・73
　アップルミントビネガーティー　148・149

レタス
　デトックスジュース　40・42

レモン
　レモネード　10
　シトロン・プレッセ　16・18
　枇杷のコンポートのソーダ　17・19
　ティーソーダ　21
　ライムミントジュレップ　22
　麗しのバラソーダ　24
　マリオン　25
　アボカドジュース　36
　グリーンスムージー　37・38
　人参デコポンヨーグルトスムージー　41・43
　ジンジャーシロップ　60
　ジンジャーシロップ（辛口・甘口）　61
　ショウガシロップ　61
　ジンジャーエール　62・64
　ホットアップルサイダー　62・64
　下町のHOTコーラ　63・65
　フルーツティーレモネード（ホット）　71・73
　フルーツティーレモネード（コールド）　71・73
　チーズクリーム　82
　桃のデザートドリンク　88・90
　ロイヤルレモンミルクティー　130
　カフェ・ロマーノ　145・147
　ジンジャーアイスティー　148・149
　烏龍ティースカッシュ　152・154
　柑橘系果実酢　158

レモングラス
　ハーバルバンコクブリーズティー　76・77

ローズシロップ
　麗しのバラソーダ　24

ローズゼラニウム
　ベリーとローズゼラニウムのソーダ　12・14

ローズヒップ
　ローズヒップピーチシロップ　67
　ローズヒップソーダ　68・69

ローズマリー
　レモネード　10
　パイナップルとローズマリーのアイスティー　70・72

[わ行]

ワイン
　枇杷のコンポートのソーダ　17・19
　ティーソーダ　21

取材店13 *五十音順

ADITO
アヂト

品書きには「大人様定食」に「納豆はんぺんチーズ」のホットサンド、「㊙煮出し牛乳紅茶」……。脱力系の商品名に反し、素材選びは妥協しない"ハイエンドなB級感覚"が持ち味。

東京都世田谷区駒沢5-16-1
☎ 03-3703-8181　http://Adito.jp/

KAORIS
カオリズ

紅茶と自家製のパンを軸にしたインターナショナルな食文化を、オーナーである香織さんの個性で表現する「カオリズ」。濃縮紅茶「ティープレッソ」のアレンジも豊富に展開する。

神奈川県横山市中区元町3-141-8　2F
☎ 045-306-9576　http://www.kaoris.com/

CAFÉ VIVEMENT DIMANCHE
カフェ ヴィヴモン ディモンシュ

フランスのカフェ、ブラジル音楽など好奇心の赴くままにお店を育ててきたオーナー、堀内隆志さんの視線の先は、改めて「コーヒー」。豆、焙煎、抽出を見直し、定番の味を進化させている。

神奈川県鎌倉市小町2-1-5
☎ 0467-23-9952　http://dimanche.shop-pro.jp/

CAFE BUFFO
カフェブッフォ

イタリア語で「滑稽」を意味する店名通り、「楽しさを大切に」というオーナーの黒坂政幸さん・陽子さん。星とハート型のショウガ入りホットコーラなど、ドリンクも楽しさいっぱい。

兵庫県神戸市中央区中山手通2-10-21 伸野第2ビル
☎ 078-261-1578　http://www.cafebuffo.com/

CAFE MEDEWO
カフェ メデオ

アパレル企業が展開する、ナチュラルシックな空間。自家製のスイーツとドリンクが看板で、スイーツ感覚のデザートドリンクも多い。また多数揃えるハーブティーのアレンジも好評だ。

東京都目黒区自由が丘1-26-8　キクモトビル2F
☎ 03-5731-4133　http://www.cafemedewo.jp/

KOJIMACHI CAFE
麹町カフェ

オーナーの松浦亜季さんによる、野菜たっぷりの料理が人気のお店。夜はお酒代わりにフルーツとハーブのソーダを提案。甘みは喜界島粗糖で加えるため、さらりとした飲み心地だ。

東京都千代田区麹町1-5-4　1F
☎ 03-3237-3434　http://www.kojimachi-cafe.com/

SARASA
さらさ花遊小路

創業30年、5店を展開する「さらさ」グループの本店。缶詰のミカンとミカンジュースの組み合わせなど、ごく普通の素材を魅力的に変える商品開発力は、長く愛されてきたお店ならでは。

京都府京都市中京区新京極四条上る中之町 565-13
☎ 075-212-2310　http://cafe-sarasa.com/

TAKANO FRUIT PARLOUR
タカノフルーツパーラー新宿本店

フルーツを知り尽くした「フルーツクチュリエ」がつくるパフェやデザートに加え、果汁100%のジュースも看板商品。旬の素材の持ち味を、あますところなく1杯に表現している。

東京都新宿区新宿 3-26-11 5F
☎ 03-5368-5147　http://takano.jp/

CHA CAFÉ OMOTESANDO
茶-Café omotesando

中国茶専門店「遊茶」のカフェ。本格的な中国茶の魅力を伝える遊茶に対し、カフェでは気軽に楽しんでほしいと、ラテやスカッシュなど、中国茶のアレンジドリンクを考案している。

東京都渋谷区神宮前 5-8-5 2F
☎ 03-5464-8090　http://youcha.com/cafe/

HANTOCO CAFE
ハントコ・cafe

オーナーの出身地である愛知県の知多半島が、お店のテーマ。名産のお酢はドリンクにも大活躍。自家製のフルーツビネガーを使うラテやソーダのほか、お酢カクテルも豊富に揃える。

東京都中央区新富 1-4-1
☎ 03-6280-5779　http://www.hantoco.jp/

BROWN RICE CAFÉ
ブラウンライスカフェ

2003年のオープン以来、安定した人気を誇るベジタリアンカフェ。ホットショコラなどの定番も、材料は植物性のみ。香りや食感のアクセントで、味を際立たせる配合はさすがのワザ。

東京都渋谷区神宮前 5-1-17　グリーンビル 1F
☎ 03-5778-5416　http://www.brown.co.jp/

BROOKLYN PARLOR
ブルックリンパーラー

夜がふけるほどに賑わう理由の一つは、気軽なバーとして使える品揃え。同系列の「ブルーノート」で経験を積んだスタッフが常駐し、"大人のノンアルコールカクテル"も提供する。

東京都新宿区新宿 3-1-26　新宿マルイアネックス B1
☎ 03-6457-7763　http://www.brooklynparlor.co.jp/

ROOF
ルーフ

「ソーダ」「ミルクセーキ」などの基本のジャンルに旬の素材を組み合わせたアレンジが豊富。お酒を加えて主役の素材の個性を膨らませる配合に、オーナーの右高鹿之輔さんのセンスが光る。

東京都国分寺市本町 3-12-12
☎ 042-323-7762　http://roofhp.com/

グラス協力
株式会社木村硝子店
(P.20、P.28、P.32、P.92、P.101、P.130、P.135、P.153)
東京都文京区湯島3-10-7
電話　03-3834-1781
http://www.kimuraglass.co.jp/

ニュー・スタンダード・ドリンク102
プロが教える基本テクニックとバリエーション

初版印刷　2013年8月30日
初版発行　2013年9月15日

編者ⓒ　　柴田書店
発行者　　土肥大介
発行所　　株式会社柴田書店
　　　　　〒113-8477　東京都文京区湯島3-26-9イヤサカビル
　　　　　電話　営業部　03-5816-8282（注文・問合せ）
　　　　　　　　書籍編集部　03-5816-8260
　　　　　URL　http://www.shibatashoten.co.jp
印刷・製本　図書印刷株式会社

本書収録内容の無断掲載・複写（コピー）・引用・データ配信等の行為は固く禁じます。
落丁、乱丁本はお取り替えいたします。

ISBN 978-4-388-06173-0
Printed in Japan